KB058438

SF, 시대정신이 되다

SF, 시대정신이 되다

서가명강 27

낯선 세계를 상상하고
현실의 답을 찾는 문학의 힘

이동신 지음

서울대학교
영어영문학과 교수

21세기북스

사회과학

社會科學, **Social Science**

경영학, 심리학, 법학, 정치학,
외교학, 경제학, 사회학

자연과학

自然科學, **Natural Science**

과학, 수학, 화학, 물리학,
생물학, 천문학, 공학, 의학

예술

藝術, **Arts**

음악, 미술, 무용

문학

文學,
Literature

인문학

人文學, **Humanities**

언어학, 역사학, 종교학,
고고학, 미학, 철학, 문학

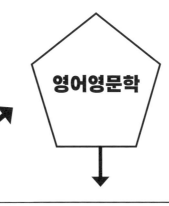

영어영문학이란?
英語英文學, English Language and Literature

영어권 세계의 언어와 문학(시, 소설, 희곡)을 비롯해 그것을 탐구하는
학문이다. 문헌학적 접근뿐만 아니라 사회와 문화에 대한 폭넓은 연구와
이해를 통해 인식의 지평을 넓히는 한편, 인간다움의 추구라는 인문학의
근본정신을 구현하는 것을 목표로 한다. 영국인과 미국인이 사용하는
언어, 그들의 문학에 국한되었으나 최근에는 지역의 경계가 흐려지면서
범영어권으로 관심이 확대되는 경향이 있다.

이 책을 읽기 전에 주요 키워드

노붐(Novum)

일반적으로 '새로운 것'을 의미한다. 그러나 SF의 노붐은 그저 새롭고 신기한 정도의 새로움이 아니라, 그것으로 인해 우리의 세계관과 우주관이 완전히 바뀔 정도로 총체적인 영향력을 미친다. 이는 '인지적 낯섦'과 함께 SF의 성공을 결정짓는 가장 핵심적인 요소다.

인지적 낯섦(Cognitive Estrangement)

낯설다는 것은 '새로운 것'이고, 인지는 '내가 이미 알고 있는 것'으로 서로 분리되어 있다. 내가 이해한 것은 낯설지 않고, 내가 이해하지 못한 것은 낯설다. 하지만 SF는 이 두 가지를 항상 동시에 갖고 있으며, 이들의 상호작용을 보여주는 문학 장르다. 이는 노붐과 함께 SF의 성공을 결정짓는 가장 핵심적인 요소다.

사이버네틱스(Cybernetics)

미국의 천재 수학자였던 노버트 위너(Nobert Wiener)가 자신이 창안한 학문 분야를 지칭하기 위해 사용한 말이다. 그에 따르면 사이버네틱스는 '생물 및 기계를 포함하는 계(系)에서 제어와 통신 문제를 종합적으로 연구하는 학문'이다. 컴퓨터뿐만 아니라 모든 기계장치, 더 나아가 인간 사회를 비롯한 모든 유형의 '시스템'을 대상으로 삼는다.

스페이스 오페라(Space Opera)

SF의 하위 장르. 주로 미래의 우주를 배경으로 한 모험과 전쟁을 다루며, 1940년대 미국의 펄프 잡지에 연재된 작품들이 큰 인기를 끌었다. 이후 1950년대부터는 소설뿐만 아니라 그런 요소를 가진 만화, 영화, 게임 등 다른 미디어 작품들까지 포괄하는 용어로 사용되었다.

사이버스페이스(Cyberspace)

컴퓨터로 제어할 수 있는 가상의 공간 개념. '컴퓨터로 자동 제어한다'는 의미의 사이버네이트(cybernate)와 '공간'이라는 뜻의 스페이스(space)를 합성한 용어다.

외삽(Extrapolation)

SF의 중요한 기법 중 하나로, 특수한 가정을 현실에 삽입해 그 결과를 상상해보는 것이다. 비평가 칼 맘그렌(Carl Malmgren)은 '현재의 실재를 논리적 투사나 연장으로 허구적 노붐으로 만드는 것'이라 정의했다.

사변적 사실주의(Speculative Realism)

인간의 지식체계와 인지 능력으로 경험되는 것을 '사실'이라고 하는 전통에서 벗어나 인간 경험 너머에 존재하는 실재를 사변으로 접근하려는 철학이라 정의할 수 있다.

거대사물(Hyperobject)

인간과의 관계로만 쓰임새를 정하기에는 너무 다채로운 그 어떤 것이다. 인간에 비해 광대한 시간과 공간에 펼쳐져 있어서 인간의 지식체계로 담아내기에는 너무 큰 대상을 일컫는다.

사변 소설(Speculative Fiction)

과학 소설의 일종이지만, 과학에 지나치게 얽매이지 않고 현대인의 사고의 틀을 넓히는 데 중점을 두는 소설이다. 대표작으로 에드윈 애보트(Edwin A. Abbott)의 『플랫랜드(Flatland)』 등이 있다.

로봇 3원칙

아이작 아시모프가 만든 개념. 제1원칙은 로봇은 인간에게 해를 끼쳐서는 안 되며 위험에 처한 인간을 방관해서도 안 된다. 제2원칙은 로봇은 인간의 명령에 반드시 복종해야 한다. 다만, 제1원칙을 위배하는 경우는 예외다. 제3원칙은 로봇은 자기 자신을 보호해야 한다. 그러나 앞서 언급한 두 가지 원칙을 위배하는 경우는 예외다. 모든 원칙은 먼저 언급된 원칙을 위배해서는 안 된다는 점이 특징이다.

차례

1부   SF, '신의 영역'인 시간에 돌을 던지다
_여기는 언제인가?

2부   SF의 무대, 어떤 상상은 현실이 된다
_어디로 갈 것인가?

"태생적으로 SF는 과학기술로 무엇이 가능한지,
향후 무슨 일이 일어날지를 때로는 긍정적으로
때로는 비판적으로 상상해왔다."

SF에는 현실과 미래가 살아 숨 쉰다

뉴스를 보면 세계 곳곳이 자연재해에 시달리고 있다. 이제는 먼 나라 이야기가 아니다. 그 어느 곳도 거주지 파괴, 재산 피해, 식량 위기, 전염병 등에서 자유롭지 않다. 지구가 몸살을 앓는 수준이 아니라 죽어간다고 해야 맞을 듯하다.

모든 게 결국 죽음을 맞이하니 지구의 죽음도 유별난 것은 아닐지도 모른다. 하지만 지금 지구의 죽음은 자연스러운 노화나 순환의 결과가 아니다. 자원 고갈이나 환경 파괴라는 말이 20세기 후반에 치명적 병환의 시작을 알렸다면, 21세기 들어 지구 온난화와 기후 위기라는 말로 정확한 진단이 내려졌다. 그러면서 마치 삶을 정리하듯이 지금 지구가 사는 시대를 인류세라는 말로 정리하고 있다. 지질학적 변화를 가져올 정도로 인류의 행동은 광범위하고 지속적이었으며, 결국 자신을 포함한 지구 전체에 치명상을 입혔다.

인류의 행동이 그토록 치명적인 이유가 과학기술의 발전 때문임은 부인할 수 없다. 과학기술이 인류의 삶을 더 편하고 풍요롭게 할 거라는 믿음이 무너져내리고 있다. 과학기술은 비판의 대상이 되고 있으며, 통제와 절제가 필요한 영역이 되었다. 하지만 역설적으로 과학기술만이 죽어가는 지구를 살릴 수 있다는 믿음도 함께 커지는 상황이다. 이 상반된 믿음 사이에서 우왕좌왕하며 과학기술을 어찌할지 고민하게 된다. 더 새롭고, 더 강력한 과학기술을 추구하는 것만큼이나 이전과 다르게 과학기술을 생각하고 상상하는 방식을 고민해야 할 때다.

SF만큼 그런 고민을 깊게 했던 문학 장르는 없을 것이다. SF는 현대 과학기술의 발전과 성취를 자양분으로 해서 성장한 장르다. 태생적으로 SF는 과학기술로 무엇이 가능한지, 향후 무슨 일이 일어날지를 때로는 긍정적으로 때로는 비판적으로 상상해왔다. 현실의 잣대로 세상을 보고자 하는 이들은 이런 상상이 터무니없거나 조악하다고 치부했다. SF를 유치한 장르 혹은 재미로 읽고 보는 장르라고 무시해왔다. 물론 그런 면이 없지는 않다. 이는 장르를 위해서 필요한 면이기도 하다. 하지만 SF를 꼼꼼히 들여다보면 그 이상이 보인다. 지금 우리가 당면한 문제를 오랫동안 고민해온 장르로서, 문제 해결을 위해 어떻게 해야 할지를 가르쳐주기 때문이다.

최근 국내에서 SF가 큰 인기를 얻고 있는 점은 주목할 만하다. 분명 재미있고 상업적으로 성공한 작품들 덕분에 얻은 인기일 것이다. 하지만 한편으론 이런 생각도 든다. 우리나라도 피할 수 없는 21세기의 위기를 인식했고 이것이 알게 모르게 사람들을 SF로 이끄는 건 아닐까?

이 책의 목표는 SF의 몇 가지 주요한 주제를 다룸으로써 독자에게 재미 이상의 무언가를 생각할 계기를 마련해주는 데 있다. 시공간의 넘나듦에서부터 인류의 사명감에 이르기까지 SF는 다양한 주제를 품고 있다. 이런 SF를 읽다 보면, 그 안에 현재와 미래를 위한 이야기가 담겨 있음을 발견하리라 기대한다.

2022년 11월

이동신

1부_____

SF,

영원의 첫 순간,

시스템에

돌을
던지다

_여기는
언제인가?

흔히 새롭고 낯선 것을 다루는 상상력 가득한 장르를 SF 혹은 판타지라 부르며 이 둘을 혼동한다. 하지만 SF와 판타지는 엄연히 다르다. 이들을 구분하는 가장 큰 특징은 '인지적 낯섦'과 '노붐'으로, 이 두 가지는 SF 장르의 가장 핵심적인 특징이다. SF 속에서 구현되는 세상은 알지만 낯선 세상 그리고 낯설지만 익숙한 세상, 즉 '인지적 낯섦'이 유지되는 세상이다. 그리고 세계관이 바뀔 만큼 총체적인 새로움 즉 '노붐'이 일어날 때 우리는 그것을 SF라고 말한다. SF는 이 둘을 충족시키기 위해 신의 영역으로 불리는 시간에 돌을 던진다. 그렇게 시간을 뒤틀고, 공간화하고, 영생을 꿈꾸기도 하며 인간의 상상력을 무한히 자극한다.

SF 속 '여기'의 가변성에
관하여

'여기는 언제인가?'라는 질문을 던지는 이유

"여기는 언제인가?"

언뜻 '시간'을 물어보는 지극히 평범하고 단순한 질문처럼 들린다. 하지만 사이언스 픽션(Science Fiction, 이하 SF)에서는 별 뜻 없는 질문이 아니다. 왜일까?

첫째, 시간여행을 많이 하는 SF에서 '여기'는 계속 변하기 때문이다. '여기'는 때로는 우연히, 때로는 의도적으로 바뀔 수 있다. 지금 내가 존재하는 이 순간이 유일한 일상일 수밖에 없지만, SF에서 '여기'는 하나가 아니다. 우리는 눈을 감고 다시 뜨는 사이 계속 시간이 변하는 가변적인 세상에 살고 있으므로 '여기'라는 말은 단순히 한순간을 의미하지 않는다. '여기'는 전혀 다른 시간대의 '여기'로 변할 수 있기에 계속해서 변하는 '어떤 시간'을 의미한다.

그리고 '언제'인지를 물으면 사람들은 보통 숫자로 된 연도로 답한다. 다른 문학 장르에서도 대부분 주인공이 사는 현실의 연도를 '언제'의 답으로 삼는다. 그렇지만 SF에서는 시간여행이 가능하므로 엄청나게 앞선 연도 혹은 과거의 연도로 여행을 할 수 있다. 예를 들어 802701년이라고 답했다고 해보자. 매우 놀라운 숫자이기는 하지만, 이 숫자도 한 해씩 쌓여서 지금 우리에게 익숙한 방식으로 나온 숫자다.

SF에서는 802701년처럼 어마어마한 시간대로 갑자기 떠날 수 있고 때로는 0년으로 갈 수도 있다. 어쩌면 숫자로 연도를 세기 전의 시간으로 돌아가 인류 탄생 이전이라고 뭉뚱그려 답할 수도 있고, 지구가 멸망한 이후 새롭게 시작된 어느 시간으로 답할 수도 있다. 하지만 이렇게 연도로 가늠되는 시간이라는 개념은 지구라는 행성에서만 유효할지 모른다. 왜냐하면 "여기는 언제인가?"라는 질문에 우주에서는 전혀 다른 방식으로 답이 나올 수 있기 때문이다.

외계 행성에서 인간과는 전혀 다른 시간을 사는 외계인들을 만났다고 생각해보자. 그들이 시간에 관해 답하는 방법은 지구인과 완전히 다를 것이다. 그러므로 '언제'라는 것은 항상 불확실한 가변성을 띨 수밖에 없다. '여기'가 불확실하듯 '언제인가'도 마찬가지다. 이런 불확실성이 계속해서 만들어내는 것이 바로 "여기는 언제인가?"라는 질문이다.

그러면 우리는 왜 "여기는 언제인가?"라는 질문을 던지는 것일까? 단순히 '지금, 여기가 언제인가'에 대한 정보를 얻기 위해서는 아니다. 특히 시공간을 거슬러 낯선 세계에 와 있는 SF의 주인공들이 이 질문을 던지는 이유는, 자신이 지금 있는 '이 세계'가 어떤 곳인지 파악하기 위해서다. 즉 자신이 알고 있는 특정 개념인 역사적 맥락과 시간적 흐름 등을 통해 자신의 위치와 세상의 모습을 가늠하고자 하는 것이다.

여기는 언제인가는 '자기반영적' 질문이다

이런 면에서 "여기는 언제인가?"라는 질문은 '자기반영적 질문'이라 할 수 있다. 다소 어려운 개념 같지만 결국에는 자신에게 익숙했던 시간관, 역사관, 더 나아가 세계관이 과연 옳은지에 대한 질문이다. 동시에 자기가 알고 있는 것들을 반영해서 자신의 위치와 정체성 그리고 자신이 속한 사회에 관해서 물어보는 질문이다.

'자기반영적'이라는 말이 어렵게 느껴질 수도 있는데, 거울을 보는 행위라고 생각하면 조금은 이해하기 쉽다. 머릿속에 그리던 자기 모습이 정말 거울에 비친 모습과 같은가? 바로 이것을 묻고 있다. 이때 '정말 그대로네!'라고 생각하는 사람은 많지 않다. 대체로 '생각과는 다르네'라고 할 것이다. 이는 '생각과 다른 모습'의 문제이기도 하지만 '자신의 모습과 다른 생각'의 문제이기도 하다. 즉 자신이 알고 있던 것과 그것을 바탕으로 만든 이미지를 되돌아보는 문제라는 뜻이다.

하지만 '자기반영'은 개인의 차원에만 해당하는 문제가 아니다. 개인이 자신에 대해 갖는 이미지가 사회적으로 형성된 것이라는 점에서, 그 사회에 대해 개인이 아는 것과 상상하는 것을 되묻는 행위다. 게다가 개인이 아니라 특정 집단, 사회, 국가, 인류가 자신에 대해 알고 상상하는 것을 되돌아보게 하는 질문이기도 하다. 결국 자기반영적 질문은 누군가가(개인이든 집단이든) 자기 자신에게 익숙한 것이 과연 정말 익숙한지를 묻는 것이다.

SF 관련 대표 학술지 표지에 나온 다르코 수빈의 사진과 그의 대표 저서

SF에서도 이러한 자기반영적 질문의 특징이 드러난다. SF의 역사는 짧다. 게다가 대부분 새롭고 낯선 것들을 다루는 이야기였기에, 초반에는 사람들 대부분이 SF를 '판타지'와 같은 분야라고 생각했다. 하지만 SF가 점점 성장하면서 독립적인 장르로서의 가치와 특징을 갖자 "도대체 SF라는 게 무엇일까?"라는 자기반영적인 질문을 하게 된다.

그 질문을 던진 대표적 학자가 SF 비평의 아버지라 불리는 다르코 수빈Darko Suvin이다. 수빈은 유고슬라비아 출신의 학자로 1960년대부터 1970년대 사이 SF에 관한 글을 많이 발표하면서 자기반영적 질문을 던졌다. 지금의 SF 비평은 다르코 수빈에 의해 생겼다고도 할 수 있다. SF에 있어 수빈은 매우 중요한 학자이므로 이후 계속 언급할 것이다.

SF와 판타지,
어떻게 다른가

SF의 첫 번째 새로움, 인지적 낯섦

다르코 수빈이 1960년대와 1970년대에 걸쳐 SF와 관련해 자기반영적 질문을 던지면서 고민한 것은 SF의 독립성이다. 당시 대중들은 판타지와 SF를 동일시하는 경향이 있었다. 지금도 외국 서점에 가면 이 두 장르는 'SF&판타지'라는 섹션 아래 한데 묶여 있다. 판타지의 입장에서는 자기 영역의 확장이지만 SF의 입장에서는 내키지 않았을 듯하다. 수빈 역시 이 둘이 함께 묶이는 것을 받아들일 수 없었다.

그래서 수빈은 SF와 판타지의 차이점을 찾아내는 데 골몰한다. 이를 위해 그는 두 가지 질문을 던졌다. 그중 한 가지는 "SF와 판타지 둘 다 새롭고 낯선 것을 다루는데, SF가 다루는 새롭고 낯선 것은 판타지와 어떻게 다른가?"라는 질문이다. 두 번째 질문은 다른 문학 장르에서도 새로운 것이 등장하는 경우가 많은데 "그렇다면 SF의 새로움은 도대체 뭐가 다른가?"이다.

SF는 새로운 것, 특히 과학기술로 가능해진 새로운 발명품이나 법칙 혹은 개념 등을 다룬다는 점을 강조할 수밖에 없다. 수빈은 앞서 말한 두 가지 문제를 고민한 결과 SF의 특징을 두 가지 용어로 규정한다. 그것은 '인지적 낯섦 Cognitive Estrangement'과 '노붐Novum'이다.

SF는 필요충분조건으로 '낯섦'과 '인지'의 상호작용을 가진 문학 장르다. 통상적으로 낯섦과 인지는 상반된다. 낯설다는 것은 '새로운 것'이고 인지는 '내가 이미 알고 있는 것'이다. 내가 이해하고 있는 것은 낯설지 않고, 낯선 것은 내가 이해하지 못하고 있는 것을 의미한다. 따라서 이 둘은 서로 분리되어 있다. 그런데 수빈은 SF라는 장르가 이 두 가지를 동시에 갖고 있으며, 이 둘의 상호작용을 보여주는 문학 장르라고 정의했다. 그리고 '인지적 낯섦'을 이렇게 설명한다.

SF는 필요충분조건으로 낯섦과 인지의 존재와 상호작용을 가진 문학 장르다. 그리고 SF의 주요 형식적 장치는 작가의 경험적 환경에 대안이 되는 상상의 틀이다.

_다르코 수빈[1]

작가의 경험적 환경이라는 것은 인지의 측면이다. 우리가 경험하는 환경은 이미 이해하고 있는 익숙한 환경이다. 그런데 그것의 대안이 되는 상상의 틀은 완전히 다른 것은 아니지만 낯선 것이다.

옆의 이미지 중 위쪽은 드라마 〈왕좌의 게임〉, 아래쪽은 영화 〈트랜스포머〉의 한 장면이다. 둘 다 용이 나오는데 판타지에서 용이 나오면 사람들은 "저게 뭐지?"라고 하면서도 그 낯섦을 그대로 받아들인다. '낯설긴 하지만 신화에도 있었으니까 용이 나오는 게 이상할 건 없지'라며 금세 수용하기 때문에 용은 등장하자마자 그 세계의 일부가 된다. 등장인물과 독자 모두 용을 원래부터 존재했던 것으로 받아들인다.

작품을 보며 '설마 용이겠어?'라고 의심하는 순간 판타지는 깨진다. 『신데렐라』를 읽으면서 '설마 호박이 마차가

인지적 낯섦을 상징하는 이미지

되겠어?'라고 의심하면 글을 재미있게 읽지 못하는 것과 마찬가지다. 이렇게 판타지에서는 인지보다는 낯섦을 우선시한다.

그런데 SF에서는 '설마 용이겠어?'라고 의심하고 물어봐야만 한다. 과연 용인지, 어떻게 나타났는지, 그것이 존재함으로써 현실 세계는 어떻게 변하는지 등을 따져 물어야 한다. 왜 그래야만 할까? 바로 '작가의 경험적 환경'을 인물과 독자들이 공유하면서 용을 바라보기 때문이다. 그 세계에서 용은 절대로 자연스럽지 않다. 경험적으로 가능한 것이 무엇인지 알기에 용은 그 경험적 세계에서는 생각할수록 낯선 것이 되고 그 생각은 갖가지 질문을 낳는다. 마치 자기반영적으로 자신을 보듯이 말이다.

용이 아니라 용처럼 만들어진 기계인가? 그렇다면 누가 만든 거지? 정말 용이라면 내가 경험한 세계와 다른 세계가 있는 건가? 내 인식 자체를 믿을 수 있는 건가? 이처럼 무수히 많은 의문이 가지치기하듯 늘어난다. 이렇게 질문을 던지다 보면 용의 낯섦이 그저 용 한 마리에 대한 문제가 아님을 깨닫는다. 그 문제는 지식의 문제이자 세계관의 문제이며 나아가 정체성의 문제로 이어진다.

〈트랜스포머〉에서 로봇은 기계나 외계인 같은 존재이며 그 설명이 정확하지 않은 낯선 존재로 남게 된다. 이처럼 어떤 새로운 것이 등장했을 때 그 낯섦을 그대로 인정하는 것과 그것을 자신이 이미 알고 있던 인식의 틀로 재조정하기 위해 노력하면서도 여전히 그 인지적 낯섦을 유지하는 두 번의 작업을 하는 장르가 바로 SF라 할 수 있다.

SF의 두 번째 새로움, 노붐

SF는 항상 뭔가 알 것 같지만 모르겠고, 또 모를 것 같지만 아는 모호한 상태를 계속 유지하는 장르다. 이렇게 인지적 낯섦이 판타지와의 차별점인데, SF는 그 새로운 것들을 계속 만들어낸다. 이 새로운 것들은 과학기술에 기반한 발명품이나 아이디어인데 수빈은 이를 '노붐'이라고 정의한다.

노붐은 말 그대로 '새로운 것'이다. 그런데 SF의 노붐은 조금 다르다. 내용의 이해를 돕기 위해 수빈의 설명을 살펴보자.

> 노붐 혹은 인지적인 혁신은 총체적인 현상이나 관계로 작가나 독자의 정상적 현실에서 빗겨나간다. (…) 노붐의 새로움은 '총체적'이라는 데 있다. 그 의미는 이야기의 우주 전체, 적어도 중대하게 중요한 측면들의 변화를 포함한다는 것이다.
> _다르코 수빈[2]

쉽게 말하자면 어떤 새로운 것이 왔을 때 그저 새롭고 신기한 정도가 아니라, 그 새로운 것 하나 때문에 우리의

영화 〈컨택트〉의 한 장면

세계관과 우주관이 다 바뀔 정도로 강한 영향력을 미친다는 의미다.

사실 이런 노붐은 쉽지 않다. SF 영화를 보면 새로운 무기들이 많이 등장하는데 그 무기는 단지 기존의 무기보다 더 강하고 더 큰 정도다. 그렇기에 이는 세계관을 바꾸는 정도의 효과를 가져오지는 않는다. 정확히 말하면 노붐이 아니다. 노붐의 효과는 그저 신기하고 낯선 것을 느끼는 게 아니라 '총체적'인 변화를 이끈다.

따라서 노붐을 받아들이는 것은 새로운 것 하나를 인정하는 일이 아니다. 내 세계는 물론 나 자신을 총체적으로 변화시켜야 하는 어려운 일이다. 즉, 등장과 동시에 세계관이 바뀌는 강렬한 효과를 낸다. 수빈은 이러한 노붐을 잘 만들어낸 작품이야말로 진정한 SF라고 말한다.

　위의 이미지는 영화 〈컨택트〉의 한 장면이다. 휴고상과 네뷸러상을 수상한 테드 창Ted Chiang의 단편집『당신 인생의 이야기』(2016년)에 수록된 소설「네 인생의 이야기」를 각색한 작품이다. 영화에는 외계인들이 등장하는데 이들은 지구를 정복하려는 게 아니라 소통을 원한다. 문제는 외계인의 언어와 인간의 언어가 다르다는 데 있다. 주인공인 언어학자 루이스는 외계인과 소통하려 노력하는데, 그 결과 단지 언어만 배우는 데 그치지 않고 외계인의 시간관을 공유하게 된다.

　영화 속에서 인간의 언어가 원인과 결과라는 단선적 시간관을 통해서 이루어진다면 외계인의 언어는 순환적 시간관을 갖고 있다. 그래서 앞뒤를 정할 수 없다. 앞이 뒤가 되고 뒤가 앞이 되며, 모든 것이 하나의 고리 안에서 순환하는 상태다.

　영화에서 주인공은 외계인의 언어를 배운다. 그런데 단순히 새로운 언어를 익히는 정도가 아니다. 그 언어를 통해 외계인의 시간관과 세계관까지 배운다. 그 결과 루이스는 세상을 다르게 보게 되면서 과거-현재-미래의 구분이 사라진다. 그리고 그녀는 모든 시간대가 동시에 존재하는 시간관을 갖게 된다. 이런 것이 바로 노붐이다. 새로운 것이 다가와 그 사람의 세계관과 우주관을 통째로 바꿔놓는 것 말이다.

루이스는 물리학자인 이안과 결혼에서 한나라는 딸을 갖게 되는데, 외계인의 언어를 통해 새로운 시간관을 갖게 된 그녀는 이러한 자신의 미래를 이미 알고 있다. 그뿐만이 아니다. 한나가 불치병으로 열두 살에 죽게 된다는 사실도 알고 있다. 미지의 미래가 아니라 순환적 시간관에 따라 미래를 미리 알고, 그 미래에 그처럼 힘겨운 사건이 일어날 것임을 아는 것이다.

하지만 루이스는 그것을 피하거나 바꾸려 하지 않는다. 나중에 이 사실을 알게 된 이안은 루이스의 선택을 이해하지 못해서 이혼하지만, 이마저도 그녀의 선택에 포함되어 있다. 루이스의 삶은 앎(따라서 모름)으로 결정되지 않는다. 무엇을 알거나 혹은 이루는 것이 삶의 목표가 아니기 때문이다. 그녀에게 삶은, 그리고 세상은 말 그대로 살아가는 데 의의가 있다. 외계인이 지구인에 대해 무언가를 알려고 하거나 무엇을 바라지 않은 채 그저 잠시 함께 머물렀다가 사라진 것처럼 말이다.

실제로는 굉장히 힘든 일이지만 SF에서는 종종 이런 노붐이 등장한다. 그리고 이는 SF가 얼마나 특별한 장르인지를 보여주는 근거다. 판타지와 분명한 차이를 갖고, 인물과 독자에게 끊임없이 인지적 사고를 하도록 요구한다는 점에서 중요한 가치가 있다. 즉 SF가 독립적이면서 주목할 만한 문학 장르임을 증명하기에 적절한 필요충분조건이다.

'타임머신'이라는 노붐의 탄생

SF에서 최고의 노붐은 무엇일까? 내가 생각하는 최고의 노붐은 허버트 조지 웰스Herbert George Wells의 『타임머신』(1895년)에 나온 타임머신이다. 개인적으로는 웰스의 작품이 SF의 시작이자 첫 노붐이라고 생각한다. 물론 이견이 많겠지만, 내가 그렇게 생각하는 이유는 이 소설이 '새롭고 신기한 것'이기 때문이다. 사실 시간여행이라는 개념은 새롭지 않다. 그보다 더 중요한 이유는 시간여행을 '기계'라는 것으로 한다는 점이다.

선지자들이 미래를 보는 것도 일종의 시간여행인데, 실제로 다른 시간대로 이동한 인물이 나오는 문학 작품은 꾸준히 존재해왔다. 워싱턴 어빙Washington Irving의 「립 밴 윙클」(1820년)이나 마크 트웨인Mark Twain의 『아서 왕 궁전의 코네티컷 양키』(1889년) 등이 있다. 그런데 이 작품들에서 시간여행은 아주 우연히 이루어진다.

「립 밴 윙클」에서 주인공은 미국 혁명 이전에 잠이 들었는데, 깨어나 보니 이미 혁명이 끝나고 다른 시대가 되었음을 알게 된다. 『아서 왕 궁전의 코네티컷 양키』에서는 주인공이 무언가에 맞아서 기절했다가 일어나니 다른 시대로 이동해 있다. 이 작품의 인물들은 과학적으로는 전혀 설명할 수 없는 신비로운 방식의 시간여행을 한다. 주인공은 아서왕 시대로 가서 미국 양키의 실용적인 면과 과학기술을 활용해 큰일을 도모한다. 그런데 이러한 형태의 시간여행은 자신이 왜 시간여행을 하게 됐는지 설명할 수 없을뿐더러, 시간여행을 어떻게 하는지조차 모르기 때문에 전혀 통제되지 않는다.

이 경우 시간여행은 주인공의 통제에서 벗어나 있기에 시간은 여전히 신비로운 존재로 그려진다. 하지만 웰스의 작품은 그것을 완전히 뒤엎는다. 왜냐하면 기계를 통해서 시간여행을 하기 때문이다. 기계라는 건 인간이 통제할 수 있다. 그렇다면 기계로 시간도 통제할 수 있다는 의미다. 그래서 『타임머신』은 이전에 우리가 갖고 있던 시간에 관한 신비로운 생각을 완전히 뒤엎는 노붐이라 할 수 있다.

세상을 총체적으로 낯설게 하다

웰스의 작품이 나왔던 19세기 말은 사람들이 시간에 대해서 신중하게 생각하기 시작한 시기이기도 하다. 그 이전에 증기 기관차, 증기선, 전보처럼 많은 발명품이 나왔지만 이것들은 대부분 공간과 관련 있는 것이었다. 어떤 특정 공간으로 더 빨리 가거나 아니면 다른 공간을 개발할 때 사용된 것으로 시간의 흐름 자체를 바꿀 수는 없는 발명품들이었다. 그렇기에 해가 떠서 아침이 되면 활동을 시작하고, 해가 져서 밤이 되면 잠을 자야 하는 단선적인 시간에 맞춰 생활할 수밖에 없었다.

인간에게는 그러한 시간의 흐름을 바꿀 수 있는 능력이 없었기 때문에 봄, 여름, 가을, 겨울 사계절의 변화에 맞춰 살아야 했다. 그러다 19세기 후반에 이르러 혁명과도 같은 발명품이 나온다. 어떤 사람들은 이것을 가리켜 근대 사회에서 가장 중요한 발명품이라고도 한다. 그 발명품은 바로

'전구'다.

에디슨의 전구는 왜 그리도 중요한 발명품이었을까? 전구 덕분에 더 이상 낮과 밤의 시간적 흐름에 순응해서 살 필요가 없어졌기 때문이다. 밤에도 낮처럼 살 수 있게 되자 낮에 하던 일을 밤에도 할 수 있게 되었다. 당시 사람들은 이제 낮과 밤이라는 시간의 흐름과 상관없이 마음대로 삶을 살 수 있다고 생각했다. 그뿐 아니다. 시간을 손쉽게 통제할 수도 있다고 생각하기 시작했다. 다시 말해 전구 하나로 시간관이 바뀌어버린 것이다.

『타임머신』에서 주인공인 시간여행자는 자신이 하는 일의 의미를 분명히 알고 있다. 그는 타임머신을 만들어 자기 친구들을 초대한 후 이렇게 설명한다.

세 개 차원은 공간의 세 변을 일컫고, 네 번째 것은 시간이지. 우리는 전자의 삼차원과 후자 사이에 비현실적인 선을 긋는 경향이 있어. (…) 공간 삼차원의 어느 한 차원과 시간 사이에는 아무런 차이점이 없어. 우리 의식이 시간을 따라 움직인다는 점만 제외하면 말이지. 하지만 일부 어리석은 사람들은 그 개념을 잘못 이해하고 있네. (…) 과학 하는 사

람들은 시간이 공간의 일종에 지나지 않음을 잘 알고 있네.[3]

　그의 말에 대해 지인들의 저항은 만만치 않았다. 사실 놀라운 일도 아니다. 아무리 급변하는 빅토리아 시대라 해도 '시간이 공간과 같다'는 시간여행자의 말은 그들에게 익숙한 개념을 완전히 뒤엎는 것이기 때문이다. '4차원 기하학'처럼 수학 이론상으로는 그 말이 성립한다고 해도, 현실적으로는 이해하기가 쉽지 않았다.

　그래서 시간여행자는 실증적 증거로 타임머신을 보여주었다. 만일 타임머신이 성공한다면 그들에게 익숙한 개념, 즉 공간과 시간 사이에 '비현실적인 선을 긋는 경향'은 무너지게 된다. 그야말로 세상이 뒤바뀌는 것이다. 타임머신은 그저 하나의 새로운 기계일 뿐이지만, 동시에 그 기계는 세상을 총체적으로 낯설게 할 역량을 갖춘 노붐일 수밖에 없다.

　타임머신은 우리가 세상을 이해하던 기존의 방식을 완전히 바꿔놓는다. 결국에는 우리에게 익숙하던 세계를 아주 낯설게 만드는 결과를 낳는다. 그런데 여기서 뜻밖의 역설이 등장한다. 만일 세상을 그처럼 새롭게 보게 된다면,

즉 공간과 시간의 차이가 질적인 것이 아니라면 세상은 좀 더 익숙해진다는 역설이다.

사람들은 세상을 공간적으로 인식하는 데 너무나 익숙해 있기 때문에 만일 타임머신이 가능하다면 세상은 완전히 익숙한 곳이 될 것이다. 즉, 새롭게 보게 되는 것이 동시에 익숙하게 되는 역설이 성립하는 셈이다. 알면서도 낯선 세상 낯설지만 익숙한 세상이 된다. 인지적 낯섦이란 말이 딱 들어맞는 상황이다. 이것이 바로 『타임머신』이라는 작품이 가진 SF로서의 아주 큰 가치라 할 수 있다.

시간을 공간화한다는 것의 의미

발전의 역사관으로 미래를 예측하다

타임머신이 존재한다면 공간을 이동하듯이 시간 속에서도 움직일 수 있다. 그래서 낯설지만 동시에 또 익숙한 세계가 가능해진다. 이것은 인지적 낯섦의 가장 좋은 예다. '낯선 세계 같은데 그 세계를 움직이는 방식은 낯설지 않다. 우리에게 아주 익숙한 방식'으로 작동하는 것이 시간여행자의 세계다.

시간을 익숙하게 만드는 또 다른 방법이 있다. 타임머신이라는 기계를 굳이 만들지 않더라도 우리가 시간을 어느 정도 통제할 방법이 있다는 말이다. 이 말은 우리가 미래에 대해서 잘 모르기 때문에 시간이 우리의 통제를 벗어났다고 생각하지만, 사실 미래를 예측하는 어떤 방식이 있다는 의미다. 그 방법은 마술이나 종교 같은 초자연적인 방식이 아니라 과학적이고 합리적인 방식이다. 즉 시간의 흐름을 예측하는 것이다. 바로 '역사'다.

역사는 과거의 일을 기록하고 과거에서 교훈을 얻는 작업이지만 시간을 익숙하게 만드는 것은 아니다. 하지만 19세기, 특히 세계 최강대국이 된 영국에서 역사는 그 이상의 의미를 지닌다. 영국은 계몽주의에서 이어진 진보적 역사관이 국가의 발전과 확장을 필연으로 받아들이게 했다. 다른 한편 진화론으로 확립된 생명관은 우월한 이들의 발달을 과학적으로 예측할 수 있다고 알렸다. 즉, 사회적 시간과 생물학적 시간이 겹치면서 역사가 특정한 방식으로 흐를 거라는 믿음이 생긴 것이다. 아니 적어도 그렇게 흘러야만 하는 당위성을 찾게 되었다.

사회적인 변화와 생물학적인 변화를 인간이 충분히 예측할 수 있을 거라고 믿었던 시대가 바로 빅토리아 시대다. 아래 키플링의 시에는 이에 대한 암시가 가득하다.

백인의 임무를 수행하라.

가장 좋은 자녀들을 선발하고

포로들의 필요에 봉사하도록

아들들을 방랑길에 올리라

만반의 준비를 갖추고 대기하게 하라

허둥대는 야만스런 족속들을 위해

새로 장악한 시큰둥한 종족들을 위해

반은 악마고 반은 어린애인

_러디어드 키플링, 「백인의 임무」[4]

빅토리아 시대의 백인 남성들은 자신들이 문명과 문화를 발전시켜야 하는 사명을 짊어졌다고 믿었다. 그리고 그것이 제국주의를 건설하는 사상적 근거가 되었다. 그 사명이 당연하고 필연적인 것은 자신들이 발전의 역사를 살고 있기 때문이라고 생각했다. 이러한 '발전의 역사관'은 다윈의 책에서 영감을 받은 생물학적인 성장과 맞물려 인류가 점점 발전할 것이라는 생각으로 이어졌다. 빅토리아 시대의 역사관은 이런 생물학적인 역사와 사회적인 역사가 함께 만들어낸 것이다.

SF에서 가장 중요한 것은 '시간'이다

물론 이 발전의 역사관을 바탕으로 미래를 예측할 수 있다. 그리고 시간여행자도 빅토리아 시대에 살던 사람이기에 당연히 같은 역사관을 갖고 있으며 거기서 벗어날 수 없다. 그가 처음에 도착한 미래사회의 연도는 802701년이다. 시간여행자는 미래사회에 도착하자마자 연도를 보면서 이런 기대를 한다. '내가 있었던 1895년보다 훨씬 미래고, 발전적 역사관에 기반한다면 이 미래는 엄청나게 발전돼 있을 것이다. 이 미래에 사는 사람들은 지금의 나보다 훨씬 더 문명화된 사람일 것이다'라고 말이다. 즉 발전된 미래에 대한 기대다.

그렇다면 웰스가 작품에서 상상한 미래는 어떤 모습일까? 앞서 언급한 대로 당시 사람들은 진보적 역사관을 믿었고 과학기술의 선봉장인 시간여행자도 예외는 아니다. 그래서 그는 자신이 여행한 미래가 그 역사관에 맞는 진화를 이루었을 것이라 기대한다. 하지만 웰스는 모두가 짐작할 만한 익숙한 미래를 보여주지 않는다. 시간여행자의 기대와 달리 미래는 문명이 거의 사라진 상태다. 그리고 현재의 인류 대신 '일로이'와 '몰록'이라는 두 종류의 인간 비슷

『타임머신』이 그린 802701년 미래사회의 두 종족

한 이들이 미개한 방식으로 살고 있다.

　이 화보를 유심히 살펴보자. 이는 당시의 상황을 그대로 반영한다. '몰록'이라는 지하 세계의 종족은 고릴라처럼 그렸고, '일로이'라는 종족은 백인 여성으로 그렸다. 한 가지 중요한 사실은 이 두 종족 모두 19세기의 빅토리아 사람들보다는 지능적으로 훨씬 떨어진 종족이라는 점이다. 발전이 아니라 오히려 퇴보했다는 의미다.

　자신의 역사관에 비춰볼 때 전혀 익숙하지 않은 미래

를 마주한 시간여행자는 이런저런 방식으로 그 낯선 미래를 익숙하게 설명하려고 한다. 하지만 자신의 시대와 802701년 사이에 무슨 일이 일어났는지 정확히 알지 못하기에 그의 설명은 미흡할 수밖에 없다. 낯섦과 익숙함, 둘 중 그 어느 쪽도 해소되지 않은 채 '인지적 낯섦'만 남게 된다.

시간여행자는 이 낯선 세계를 낯선 채로 받아들이는 대신 그저 자신이 이해하는 방식으로 인지하려고 노력한다. '왜 이런 일이 일어났지?', '빅토리아 시대에 생긴 문제가 점점 커져서 802701년 사회와 몰록, 일로이라는 종족을 만들어냈겠구나.' 이렇게 스스로를 납득시키고자 반복해서 이론을 만들어낸다. 자기가 알고 있는 지식을 최대한 모아서 이 낯선 세계를 이해하려 노력하는 것이다.

하지만 이 상황은 말이 되지 않는다. 왜냐하면 19세기 말과 미래사회 사이에는 수십만 년이나 되는 엄청난 간극이 존재하기 때문이다. 그리고 일로이나 몰록이 인간의 후예인지도 분명하지 않다. 그 사이에 시간여행자가 도저히 상상조차 할 수 없는 사건들이 일어났을 가능성도 있다. 그런데도 시간여행자는 계속 자신이 알고 있는 역사관만으로 미래사회를 설명하면서 실패를 반복한다.

이처럼 웰스의 소설에는 시간에 대한 진지한 고민이 담겨 있다. 더불어 그 속에는 역사와 세상에 대한 고민도 스며들어 있다. 어떤 점에서 보면 그러한 고민은 웰스만의 고민이 아니라 SF라는 장르의 고민이기도 하다. 그래서 칼 프리드먼Carl Freedman 같은 학자는 당시의 역사관을 가장 잘 반영한 문학 장르인 역사소설보다 오히려 SF가 '역사적 구체성에 가장 헌신한 장르'라고 단언하기까지 한다.[5]

프리드먼이 그렇게 단언한 이유는 무엇일까? 역사소설이 이미 일어난 일을 현재의 역사관에 맞춰 재구성해서 보여준다. 반면 SF는 같은 역사관을 토대로 아직 일어나지 않은 일을 구체적으로 상상하기 때문이다. 이런 점에서 프리드먼은 미래가, 즉 시간이 SF에 있어서 가장 중요한 요소라고 말한다.

이런 맥락에서 SF가 메리 셸리Mary Wollstonecraft Shelley의 『프랑켄슈타인』이 아니라 웰스의 『타임머신』에서 시작했다고 주장할 법하다. 셸리의 작품에서는 공간적으로 여행하는 월튼과 괴물을 만들어 새로운 미래를 여는 프랑켄슈타인이 혼재되어 있다. 그러다 웰스의 작품에 와서 비로소 시간적인 면이 중심이 된다. 이를 두고 프리드먼은 "지형적 서사는 확실하게 뒤로 물러난다."라고 설명한다. 실제로 웰스의 작품에서 시간여행자는 시간적으로는 여러 곳을 여행하지만 공간적으로는 거의 같은 곳에 머물러 있다. 시간여행을 하고 돌아와도 그의 기계는 몰록이 옮긴 만큼만 조금 이동했을 뿐이고 여전히 그의 작업실 안에 있다.

SF 작품들은 왜
단선적 시간관을 이용할까

할머니 패러독스와 영웅 만들기

웰스의 작품이 시간관에 '인지적 낯섦'을 유발했지만 곰곰이 생각해보면 마구잡이로 시간을 오가지는 않는다. 웰스의 작품 속에서 시간여행자는 본인의 시간대로 돌아올 수 있다. 이처럼 특정 연도에는 항상 같은 시간대가 존재한다. 즉 단선적 시간관(과학적으로는 뉴턴의 시간관)을 그대로 유지하는 것이다.

과거-현재-미래가 정확히 정해져 있고, 그 관계가 인과적으로 이루어졌기에 우리에게는 매우 익숙한 시간관이다. 그래서 시간관 자체는 사실 새롭지 않다. 웰스의 작품은 이 단선적 시간관을 계속 유지하고 있으며, 시간여행을 소재로 한 대부분의 SF가 이런 단선적 시간관을 기반으로 한다.

그것은 두 가지 이유 때문이다. 첫째, 단선적 시간관을 이용하면 일종의 흥미로운 문제가 생기는데 이를 '할머니 패러독스' 혹은 '할아버지 패러독스'라고 한다. 과거로 돌아간 내가 만약 할머니를 죽인다면 현재의 나 자신은 존재할 수 없다. 이것이 바로 할머니 패러독스다.

웰스의 작품은 과거로 돌아가지 않기 때문에 이 패러독스를 구현하지 않는다. 하지만 영화 〈터미네이터〉나 〈빽 투 더 퓨처〉에서는 할머니 패러독스를 피해 갈 수 없어 문제가 생긴다. 그래서 이 패러독스를 어떻게 풀어가고 막아내는지에 대한 논의가 가능하다. 이것이 영화의 흥미로운 소재가 되는 셈이다.

이러한 소재를 잘 이용한 영화가 바로 〈빽 투 더 퓨처〉다. 이 영화에서는 기본적으로 시간의 흐름을 바꾸지 않으려는 주인공의 노력이 돋보인다. 그런데 이를 좀 더 흥미롭게 변형할 수는 있다. 인과론이 지배하는 시간관이기에 미래를 바꿀 수 있다는 가능성도 생긴다.

둘째, 단선적 시간관은 미래의 상황에 대한 원인을 과거에서 찾을 수 있다. '아, 이때 이런 일이 있었구나. 이것만 막으면 우리가 다른 미래를 맞을 수 있겠구나'라고 생각할 수 있다. 그래서 과거로 돌아가서 미래를 바꾸려고 노력하는데 이들은 대부분 '영웅'이 된다. 물론 이들을 막으려는 적이 등장하고 그들과 싸움을 벌이며 액션 장르가 되기도 한다.

특히 그 미래가 암울하다면, 과거로 돌아가 그 원인을 제거하고 그 과정에서 자신의 존재마저도 제거하는 영웅적 서사가 가능해진다. 이는 액션 영화에 딱 들어맞는 서사다. 문제는 너무 뻔한 이야기가 반복된다는 점이다. 시간여행이 노붐으로서의 효과를 내지 못하는 것이다. 최근 국내에도 타임 슬립 드라마가 많아졌는데, 시청자들이 '또 뻔한 타임 슬립 이야기'라는 식으로 시큰둥한 반응을 보이는 것도 이 때문이 아닐까 싶다.

단선적 시간관을 활용한 SF 작품들의 식상함

다음에 나오는 영화 포스터들의 공통점은 무엇일까? 주인공이 모두 총을 들고 있다. 과거로 돌아가서 싸워야 하기 때문이다. 그래서 단선적 시간관은 액션이 가능한 서사

영화 〈백 투 더 퓨쳐〉, 〈터미네이터〉, 〈엣지 오브 투모로우〉, 〈루퍼〉

를 만드는 데 아주 적합한 시간관이다. 적과의 싸움에서 패배할 수밖에 없는 운명에도 처하는데 그때는 자신이 죽음으로써 미래를 바꾸기도 한다. 그런 면에서 영화 〈루퍼〉와 〈터미네이터〉는 궤를 같이한다.

먼저 영화 〈루퍼〉를 살펴보자. 미래의 조(브루스 윌리스)는 과거로 날아가 어린 시절의 레인메이커를 잡으려 한다. 그 이유는 미래의 아내를 보호하기 위해서다. 미래 세계에서 조의 아내는 레인메이커의 부하에게 살해당한다. 따라서 어린 시절의 레인메이커를 제거한다면, 미래에서 만날 조의 아내는 레인메이커의 부하에게 생명을 잃을 일이 없다.

어린아이인 레인메이커를 미래의 조가 잡는 건〈터미네이터〉의 살인 기계 T-101, 혹은 T-1000이 어린 존 코너 혹은 존 코너의 엄마가 될 사라 코너를 없애려 드는 줄거리와 같은 맥락을 갖고 있다. 특히 영화〈터미네이터〉에서 터미네이터는 자신을 용광로에 녹이면서 자기희생적인 모습을 보여주는데 이는 주인공을 좀 더 영웅적으로 보이게 하는 장치가 된다.

단선적 시간관은 SF가 많이 이용하는 흥미로운 장치다. 문제는 이것이 노붐으로서 작용하는 경우가 드물다는 점이다. 새로운 게 없기 때문이다. 매번 과거로 돌아가서 싸우고 그렇게 미래를 바꾸는 줄거리는 아무리 액션이 화끈하고 재미있다 해도, 어느 순간부터는 뻔하고 익숙한 이야기가 되고 만다.

시간여행 자체는 여전히 새로운 것이다. 그럼에도 단선적 시간관을 차용한 SF 작품들에 사람들이 익숙해지다 보니 이것마저도 단순해지는 경향이 있다. 수빈의 입장에서 본다면, 단선적 시간관을 차용한 SF 작품들이 인지적 낯섦이나 노붐을 제대로 활용하지 않는 경우가 점점 늘어간다고 말할 수 있다.

코니 윌리스의 성숙한 시간여행

단선적 시간관을 차용했음에도 뭔가 다른 신선한 이야기를 하는 작품들도 있다. 가장 대표적인 작품이 코니 윌리스 Connie Willis의 소설들이다. 사실 〈터미네이터〉나 〈빽 투 더 퓨처〉처럼 과거마저도 상상으로 만든 상황이면 그나마 덜 복잡하다. 하지만 실제 역사가 등장하면 이야기는 꽤 복잡해진다.

우리가 이미 다 아는 역사 속으로 들어가서 그 과거를 바꾼다면, 그것이 과연 옳은 일일까? 예를 들어, 과거로 돌아가서 히틀러를 죽여 제2차 세계대전을 막는다면 어떤가? 그래서 현재로 돌아와 평화로운 세계를 발견하더라도 (대부분 그런 상황에서도 중간에 무슨 일이 일어나 역사는 여전히 흘러간다는 교훈을 준다) 그런 행동을 하는 것이 과연 정당한지에 대한 의문은 남는다. 코니 윌리스의 작품들은 이런 고민을 담고 있다. 그의 소설들은 제목조차 모두 특이한데 『개는 말할 것도 없고』, 『올클리어』, 『블랙아웃』 등의 작품 모두 시간여행에 관한 것이다.

『개는 말할 것도 없고』에서는 빅토리아 시대로 여행을 가고, 『올클리어』와 『블랙아웃』에서는 제2차 세계대전의

코니 윌리스의 소설 『개는 말할 것도 없고』, 『올클리어』, 『블랙아웃』

시대로 이동한다. 코니 윌리스의 작품도 여전히 단선적 시
간관 안에서 시간여행을 하지만, 그래도 앞서 언급한 액션
이 주ᵉ인 작품들과는 조금 다르다. 코니 윌리스의 시간여
행 작품 중 첫 번째 작품인 『둠즈데이북』⁶을 살펴보자.

윌리스의 작품이 특이한 점은 시간여행이 철저하게 통
제된다는 점이다. 무엇보다 시간여행을 학술적인 차원에
서만 허용한다. 따라서 모험심이나 비학술적 목적으로 시
간여행을 하며 시간의 흐름에 영향을 주는 행위는 금지된
다. 또한 학문적 목적으로만 시간여행을 허용하기에, 학생
이나 학자의 안위에 위협을 줄 만한 시대로는 여행을 할 수
없다.

코니 윌리스의 『둠즈데이북』

　이 소설은 통제에 작은 변화가 생기면서 시작한다. 중세
시대는 흑사병을 포함한 질병이 창궐했으며 소위 암흑시
대라고 할 정도로 탄압이 심했던 시기라 '10등급', 즉 여행
금지 시기로 지정되어 있다. 그런데 옥스퍼드대학의 학과
장 대행인 길크리스트 교수가 이를 6등급으로 낮추며 여행
가능 시대로 바꾼다. 평소 14세기에 가고 싶었던 1년 차 실
습생 키브린이 기회를 잡아 중세로 간다.

그런데 그녀가 도착하자마자 대학교에 전염병이 돌고 14세기로 간 그녀도 같은 병에 걸린다. 여기서 소설은 아주 특이한 설명을 내놓는다. '네트'라는 시간여행 기계가 이러한 일을 막기 위한 안전장치를 가지고 있다는 것이다. 시간 편차는 네트의 안전장치이자 중단 메커니즘으로, 시간에 연속성 모순이 일어나지 못하도록 하는 자체 방어 장치였다.

다시 말해 "목표로 하는 시간보다 약간 뒤에 도착하는 이유는 역사에 영향을 미칠 수 있는 충돌·만남·행동을 막기 위한 것이다. 즉 역사 연구가가 중요한 순간을 살짝 비켜 도착하게 함으로써 히틀러를 쏘거나 물에 빠진 아이를 구하지 못하도록 하기 위해서였다."는 것이다.

전염병의 경우는 만약 다른 시대에 퍼진다면 극도로 '연속성 모순'이 일어날 것이기 때문에 "네트는 아예 열리지 않았다."고 설명한다.

인과적 시간관의 극적인 복귀

그렇다면 도대체 어떻게 된 일일까? 현재 시간의 인물들은 키브린과 연락이 되지 않기에 그녀가 아픈지 모른다. 그리고 키브린도 현재에 남아 있는 다른 인물들의 상황을 모른다. 하지만 독자는 이 두 시간대를 동시에 볼 수 있기에 질문을 던질 수 있다. 네트가 정말로 연속성 모순을 막는다면 키브린과 현재의 인물들이 각각 동시에 따로 병에 걸렸다는 의미인데, 과연 그런 우연이 있을까? 그런 우연이 가능하다면 단선적 시간관에 근거해 움직이는 시간여행에도 틈이 있을 수 있다는 의미가 된다. 시간여행 자체가 문제가 될 수 있다.

반면에 우연이 아니라면 그건 네트가 제대로 작동하지 않는다는 증거다. 역시 시간여행 자체가 문제로 남는다. 인물들이 서로 다른 시간대에서 나름의 고충을 겪으며 풀어나가는 내용이 있기는 하지만, 작품을 관통하는 질문은 바로 "시간여행이 정말 문제가 있는 것인가?"이다. 정말 시간여행이 문제였을까? 아니면 다른 데 문제가 있었던 것일까? 이 작품은 이런 질문을 던진다.

『둠즈데이북』은 결국 이 문제를 해결한다. 키브린은 시간여행을 떠나기 전에 중세 유적 발굴에 참여했는데, 거기서 무덤에 묻혀 있던 중세 시대의 바이러스에 감염된다. 그리고 같은 바이러스에 현재의 다른 사람들도 감염된다. 중

세 사람들은 그 바이러스에 이미 면역이 되어 있었는데, 수 세기가 지나면서 사람들이 면역력을 잃어버린 것이다. 따라서 키브린이 걸린 바이러스는 그녀가 가는 중세 사람들에게는 위협이 되지 않는다. 그래서 네트가 그녀를 통과시킨 것이다.

이처럼 소설은 전염병에 걸리는 것이 결코 우연이 아니었음을 알리면서 인과적 시간관을 극적으로 복귀시킨다. 잠시 혼란에 빠졌던 시간이 제자리로 돌아오게 된다. 이 사실은 작가인 윌리스에게 아주 중요하다. 왜냐하면 네트가 제대로 작동하는 게 입증되어야만 후속작들을 쓸 수 있으니 말이다.

코니 윌리스의 시간여행은 우리가 기존의 단선적 시간관을 바탕으로 했던 액션 위주의 시간여행과는 달리 학술적이면서도 동시에 통제가 가능한 시간여행이다. 규범과 윤리적인 면도 포함하고 있다. 우리가 시간여행을 하는 사람으로서 하지 말아야 할 것이 무엇인지 생각하고 그에 따라 행동한다. 이런 이유로『둠즈데이북』은 이전의 작품보다는 성숙한 시간여행 이야기를 담은 작품이라 할 수 있다. 액션이 없으니 재미없을 거라 짐작할 수도 있지만 전혀 그렇지 않다. 그 이상의 흥미를 느낄 수 있게끔 몰입도가 뛰어난 작품이다. 또한 SF를 다른 방식으로 쓸 수 있다는 새로운 가능성을 보여준 작품이기도 하다.

시간여행이 우리에게 던지는 질문

당신은 어느 시간관을 선택할 것인가

단선적 시간관을 따르는 시간여행은 시간여행자의 선택으로 낯선 세계가 만들어진다고 하더라도 그 세계는 '인과론'이라는 원칙을 따른다는 전제가 있다. 즉, 아무리 낯설더라도 익숙하게 낯선 것이다. 예측이 가능하고, 예측은 못하더라도 설명이 가능한 세계다. 그런데 20세기에 들어서면서 새로운 시간관이 등장한다. 바로 양자역학으로 시작된 '다중적인 시간관'이다. 여러 개 우주가 동시에 존재하는 다중우주론, 멀티버스라고도 한다.

그리고 이를 바탕으로 평행우주이론이 발전한다. 우리가 사는 우주는 다중우주 중 하나일 뿐이고 단선적 시간관은 각각의 우주에만 적용된다는 개념이다. 각자 자기 우주에서만 산다면 복잡하지 않겠지만, 시간여행이 등장함으로써 무한대로 복잡해질 수 있다. 더 이상 단선적 시간관만을 고수할 수가 없기 때문이다.

동시간대에 수많은 우주가 공존하고 시간여행자는 이를 왔다 갔다 할 수 있게 된다면 어떨까? 예를 들어 한 우주에서 나는 현재 죽었지만, 다른 우주에서는 멀쩡히 살아 있을 수 있다. 그리고 그다음 시간대에 후자의 우주에 머물러 있다면 죽었던 사람이 살아나는 황당한 시간관, 다시 말해 인과론이 전혀 먹히지 않는 시간관이 형성된다.

그렇다면 다중적 시간관의 세계에는 어떤 문제가 있을까? 단선적 시간관의 세계에서는 미래에 문제가 있으면 과거로 돌아가서 그 인과관계를 통해 과거의 잘못된 일을 바로잡으면 된다. 하지만 다중적 시간관의 세계에서는 그런 행위가 의미 없다. 과거로 돌아가서 그걸 고친다고 해도 다른 우주에서는 이미 나쁜 일이 일어나고 있다. 이런 일은 항상 벌어진다. 그래서 영웅적인 서사가 불가능하다.

다중적 시간관을 담은 작품에서 가장 중요한 것은 '기억의 혼란'이다. 왜냐하면 자신이나 주변의 지인들이 각기 다른 모습을 하고 있기 때문이다. 가령 이쪽 우주에 있는 A라는 사람이 이쪽 우주에서는 아예 죽어 있다. 하지만 저쪽 우주에 가면 생생히 살아서 다른 삶을 사는 식이다. 그러니까 혼란스러울 수밖에 없다. 다른 우주로 가면 그 우주에서 이전에 어떤 일이 있었는지 모르니까 마치 그 세계, 과거를 잊어버린 사람이 된다. 그래서 다중적 시간관을 다룬 SF에서는 '기억'에 관한 이야기가 많이 나온다. 어떻게 기억을 정리하고 되살릴 것인가에 관한 이야기들이 주를 이루는 것이다.

또 다른 한편으로는 여러 가지 우주가 있고 만약 자신이 이 우주를 왔다 갔다 할 수 있다면, 결국에는 그 우주 중 하나를 선택할 수 있다는 의미다. 그렇게 되면 '어디에서 살 것인가?'라는 선택이 가치의 문제가 된다. 당신이 제일 중요하게 생각하는 것은 무엇인가? 어떤 사람은 자신의 행복을 위한 선택을 할 것이고, 또 다른 사람은 사랑하는 사람이 있는 쪽을 선택하기도 할 것이다. 이처럼 다중적 시간관을 담은 작품에서는 개인의 가치가 드러나는 선택이 중요하다.

사실 다중적 시간관이 담긴 작품들은 읽기가 어렵다. 이 세계에서 저 세계로 왔다 갔다 하기에 일반적인 서사 구조로 전개되지 않아 매우 복잡하다. 하지만 그 자체로 읽는 재미가 있는 것 또한 사실이다. 중간중간 미세한 새로움이 계속 등장하는데 그 다름을 제대로 볼 수 있다면 훨씬 더 흥미를 느낄 수 있다. 단선적 시간관이 결과의 낯섦을 인지하는 것이라면, 다중적 시간관은 인지함으로써 낯설어지는 것이라고 할 수 있다.

그렇다면 인과론이 사라진, 그래서 앞뒤 전후를 설명하고 예측하는 것이 불가능해진 세상을 산다는 건 어떤 의미일까? 경험과 지식을 쌓을수록 낯설어지는 세상에서 어떻게 살아야 할까? 다중적 시간관을 다루는 작품에서는 바로 이런 질문에 대한 답을 고민해볼 수 있다.

다중적 시간관과 자기반영적 질문

다중적 시간관의 대표작으로는 커트 보니것^{Kurt Vonnegut Jr.}의 『제5도살장』(1969년)을 들 수 있다. 이 작품은 제2차 세계대전을 기반으로 한다. 드레스덴에서 엄청난 폭격이 있었을 당시 그곳의 일을 경험한 주인공의 이야기를 담고 있다.

전쟁에 참전했던 주인공인 빌리 필그림은 '트라팔마도

커트 보니것의 『제5도살장』

리안'이라는 외계인에게 납치되어 그들의 시간관을 배운다. 이 시간관에서는 그 어떤 행동도 과거와 미래를 바꾸지 않기에 큰 의미를 갖지 않는다. 대신 어떤 시간에 살 것인지 선택하는 문제가 등장한다. 또한 그 선택은 항상 새롭다. 왜냐하면 인과론적으로 결정된 것이 아니기 때문이다. 개인이 의지를 갖고 '어떤 시간관을 선택하는가'라는 문제는 그래서 '어떤 세상에서 살 것인가'를 결정하는 문제다.

나는 트랄파마도리안이고, 네가 로키산맥이 펼쳐진 것을 보 듯이 모든 시간을 본다. 모든 시간은 모든 시간이다. 변하지 않는다. 시간은 경고나 설명과는 맞지 않는다. 시간은 그저 존재한다.

_『제5도살장』중에서[7]

트랄파마도리안에게 모든 시간은 동시에 존재하기 때 문에 시간은 변하지 않고 그냥 그대로 있는 것이다. 이것이 트랄파마도리안의 시간관이다.

주인공인 빌리는 그들의 시간관에 따라서 이 시간대와 저 시간대를 왔다 갔다 한다. 여기서 중요한 것은 빌리가 어느 시간대를 선택하느냐의 문제다.

만약 빌리 필그림이 트랄파마도리안에게서 배운 게 사실이 라면, 그리고 가끔 매우 죽은 것처럼 보여도 우리가 모두 영 원히 살 거라면, 그래도 난 크게 좋아하지 않을 거다. 그렇지 만, 만약에 내가 영원히 이 순간 저 순간을 방문하며 살 거라 면, 그 가운데 많은 순간이 좋다는 점에 감사할 거다.

_『제5도살장』중에서

자신이 행복한 그 순간들을 찾아서 가는 것이다. 그때 그것이 왜 행복한지 고민해볼 수 있는 계기가 된다. 따라서 우리는 자신을 되돌아보는 질문, 즉 자기반영적 질문을 계속해서 던질 수 있다. 이처럼 다중적 시간관은 단선적 시간관과 다른 시간여행을 가능하게 함으로써 개인의 선택이나 가치관이 더 부각되고, 개인이 점점 더 자기반영적인 질문을 던지게 한다. 이는 독자들도 마찬가지다.

영생을 상상하는
다양한 방식

사이버네틱스와 마인드 업로딩, 영생을 위한 시나리오

SF에서 시간을 다루는 방식은 다양하다. 거리를 압축시키는 '워프 스피드'를 통해 시간을 단축하는 방식이 그 한 예다. 그중 21세기에 좀 더 현실성을 얻은 방식을 살펴보자면 바로 '생명 연장'이다. 이는 노화를 늦추거나 아예 없애는 것이다.

영생에 대한 인류의 상상은 SF의 등장보다 훨씬 더 오래되었다. 어쩌면 인류 역사만큼이나 오래된 것일지도 모른다. 하지만 20세기 중반부터 과학기술이 발달하며 상상과 현실의 구분은 모호해지기 시작했다.

영생하는 방법 중 가장 익숙한 것은 '냉동법'이다. 뇌를

냉동시켰다 다시 해동하는 기술이 가능한 시대가 오면 새로운 몸을 얻어서 다시 살고자 하는 이들이 있기 때문이다. 또 다른 방법은 생명체와 기계의 차이가 없다는 전제를 과학적으로 입증하는 '사이버네틱스'의 발전과 생명과학의 발전에서 찾을 수 있다. 여기에는 크게 두 가지 방식이 있다. 하나는 정신만 유지하는 것이고 다른 하나는 몸을 유지하는 것이다.

전자의 경우에 정신만 그대로면 몸은 어떤 형태가 되든 상관없다. 인간의 정체성을 완전히 정신으로만 결정하는 입장이다. 후자는 어느 정도 원래의 몸을, 적어도 인간 몸의 형태를 유지하는 것이 중요하다는 입장이다. 몸의 일부를 기계로 대체하거나 다른 몸으로 완전히 교체하는 방식으로 전개된다. 이러한 방식은 모두 현실에서 고려되고 있지만, SF는 이 방식들이 실현된 세상을 상상함으로써 영생을 노봄으로 제시한다. 그리고 그 결과를 총체적으로 보여주면서 '인지적 낯섦'을 추구한다.

영생을 추구하는 이 두 가지 방식은 뜬금없는 상상이 아니라 과학적인 근거를 바탕으로 한다. 이 과학적인 근거를 만들어준 사람이 바로 사이버네틱스의 창시자 노버트 위

노버트 위너의 『사이버네틱스』

너^{Norbert Wiener}다.

노버트 위너는 인간과 기계가 서로 다르지 않다고 생각했다. 둘 다 정보를 처리해서 시스템을 유지하는 존재이기 때문에 이 둘은 한 몸처럼 움직일 가능성이 있다고 보았다. 물론 훗날 위너는 인간이 기계화되는 것을 염려하는 의견을 내기는 했다. 하지만 인간과 기계를 동일시하는 그의 견해는 지금 우리가 기계나 로봇, 인공지능에 대해 이야기하는 것과 별반 다르지 않다. 오늘날 로봇과학자, 생명공학자, 미래학자 중에는 사이버네틱스에 영향을 받은 이들이 많다. 그중 대표적인 인물이 로봇학자이자 미래학자인 한스 모라벡Hans Moravec이다.

그는 한 개인의 모든 기억을 컴퓨터 칩에 이식하고 몸만 교체하는 방식으로 영생을 누리는 새로운 인류, 즉 '엑스-휴먼ex-human'이 탄생할 것이라고 예측했다.[8] 나아가 인간의 의식을 컴퓨터로 옮기는 '마인드 업로딩' 아이디어를 제안하면서 가상 시나리오를 만들어냈다. 실제로 일론 머스크의 뉴럴링크에서 진행 중인 뇌·컴퓨터 인터페이스Brain-Computer Interface, BCI 프로젝트를 비롯해 여러 기업에서 두뇌 속 기억이나 의식을 컴퓨터에 업로드하는 방법을 연구 중이다.

모라벡의 생각은 정신과 몸 사이에서 정신을 우위에 두는 서양의 이분법적 사고를 극대화한다는 비판을 받기도 했다. 국내에 아직 번역되지 않은 소설이라 아쉽지만 로저 맥브라이드 앨런Roger MacBride Allen의 『더 모듈러 맨』에서 '데이비드 베일리'는 죽기 전에 자신의 정신을 로봇청소기에 다운로드한다. 그렇다면 그 로봇청소기는 그 사람, 즉 데이비드 베일리라고 볼 수 있을까? 소설은 이 청소기가 과연 법

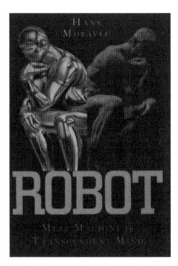

개인의 기억을 컴퓨터 칩에 이식하고 몸만 교체하는 방식으로 영생을 누리는 '엑스-휴먼Ex-Human'의 탄생을 예고한 한스 모라벡의 『로봇』

적으로 '그' 사람으로 인정받을 수 있는지 아닌지 재판하는 과정을 따라간다.

인간의 정신이 담긴 청소기라는 노붐을 제시하고 법체계 전체를 변화시킨다. 이는 기묘한 상황이다. 만일 청소기를 인간이라고 인정하지 않는다면 정신이 인간 정체성의 근본이 아니라는 의미가 되고, 이는 서양의 전통을 거부하는 것이 된다. 근본적인 변화가 시작될 가능성이 제기되는 것이다. 반대로 청소기를 인간이라고 인정하고 인간에게 주어진 권리와 의무를 부여한다면 법체계 자체는 그대로 유지될 수 있지만 그 대상이 모호해지는 결과를 낳는다. 그 어떤 결정을 하든 '인지적 낯섦'은 피할 수 없다.

우리가 상상하지 못하는 영역에 관하여

정신만 유지하는 것과 달리 인간의 정신과 몸을 모두 유지하는 영생이 있다. 물론 유기물로서 몸과 뇌는 시간이 지나면 노화되는 게 당연하다. 세포 단위에서 끊임없이 재생되는 기술이 나타나지 않는 한 몸을 교체하는 것 외에는 방법이 없다. 정신만 컴퓨터 칩에 담아 유지하고 몸은 전혀 다른 방식으로 존재하는 경우가 있다면, 같은 방식으로 정신을 유지하며 몸까지 인간처럼 유지하는 경우도 가능하다.

리처드 모건Richard K. Morgan의 『얼터드 카본Altered Carbon』 (2002년)은 그 방식에 관한 이야기다. 넷플릭스에서 드라마로도 제작된 이 작품에서 인간들은 정신을 '스택'이라는 장치에 담고, 이를 다른 인간의 몸에 이식해 영생을 유지한다. 물론 이식된 인간의 몸이 쓸모가 없어지면 다른 인간의 몸으로 대체함으로써 삶을 지속한다.

리처드 모건의 『얼터드 카본』

스택은 분명 노붐이라고 할 수 있다. 작품에서 기득권은 스택으로 영생을 유지하고, 더 많은 특권과 재산을 축적하면서 거의 신적인 존재가 된다. 다만 작품에서 노붐이 총체적인 결과를 자아내는지는 의문이다. 위계질서는 이전에도 있었고 단지 강화되는 것일 뿐이니까 말이다. 하지만 생각해보면 스택의 효과는 그 이상일 수 있다. 작품이 실패했다고 독자까지 실패할 필요는 없지 않은가. 과연 어떤 총체적 변화가 가능할까? 그리고 그 결과 어떤 인지적 낯섦을 기대할 수 있을까?

　노붐과 인지적 낯섦은 SF 작품의 수준을 판단하는 중요한 기준 중 하나다. 하지만 그것은 독자에게도 적용될 수 있다. 작품이 그 기준에 부합하지 못한다고 그냥 있을 필요는 없다. 작품이나 혹은 작가가 상상하지 못한 것은 독자의 몫이 될 수도 있으니 말이다. 평론가인 프레드릭 제임슨 Fredric Jameson은 SF는 '우리가 상상하는 능력이 아니라 우리가 상상하지 못하는 능력을 알리는 장르'라고 정의했다. 하지만 SF를 읽는 독자는 그 이상을 상상할 수 있다. 그렇기에 시간을 거슬러 올라가 100년이 지난 작품들을 다시 읽는 것이다.

SF란 무엇인가? SF의 개념이랄까, 정
의를 설명해주면 어떨까?

SF에 대한 다양한 정의가 있지만, 기본적으로 과
학기술적 요소가 내용 전개에 중요한 요인으로 작
동하는 작품을 일컫는다. 예를 들어, 과학적인 사
고방식과 세계관을 가진 과학자가 주인공인 작
품, 과학기술적 발명품이 사건의 단초나 해결책
으로 등장하는 작품, 과학기술의 발전이나 폐해
로 구성된 세계를 배경으로 하는 작품 등이 있다.
이러한 요인들이 작품에서 얼마나 중추적인 역할

을 하느냐에 따라 SF인가 아닌가를 구분한다. 혹은 심리학이나 사회과학 등 과학에 기초한 '소프트 SF'와 자연과학이나 공학 등을 다루는 '하드 SF'로 구분하기도 한다. 어슐러 르 귄Ursula Kroeber Le Guin의 작품이 대체로 전자에 속한다면, 과학자인 아서 클라크Arthur C. Clark의 『2001 스페이스 오디세이』 같은 작품이 후자를 대표한다. 그리고 과학적 논리나 아이디어만을 기반으로 내용을 만드는 작품인 '사변 소설'이 SF에 포함되기도 한다. 예를 들어 선과 점과 구의 수학적 아이디어를 인물로 등장시킨 에드윈 애보트Edwin A. Abbott의 『플랫랜드 Flatland』가 있다.

가장 매력적인 노붐을 가진 문학 작품이나 영화에는 어떤 것이 있으며, 시간이나 공간을 주제로 한 작품 중 추천할 만한 작품에는 어떤 것이 있나?

가장 매력적인 노붐을 가진 작품은 『타임머신』이다. 하지만 또 다른 매력적인 노붐을 가진 작품으로는 어슐러 르 귄의 작품 『어둠의 왼손The Left Hand of Darkness』을 꼽고 싶다. 르 귄은 워낙 유명할뿐더러 여러모로 인정받는 SF 작가다. 그의 작품에는 굉장히 특이한 발명품이 등장하는데 그것은 '앤서블ansible'이라는 일종의 전화기 같은 물건이다.

낯선 행성과 교류하기 위해 온 에큐멘의 특사 '겐리 아이'와 그 행성을 이루는 나라 중 하나인 카르히데의 수상인 '에스트라벤'을 중심으로 이야기가 진행된다. 보통 다른 SF 작품에서는 지구와 몇 광년이나 떨어져 있는 행성과의 소통이 쉽지 않다. 곧바로 의사 전달이 되지 않기 때문이다. 지금 말을 하면 상대방이 몇 년 뒤에 그 소식을 듣는 식이다. 그래서 주인공이 이야기한 메시지는 그가 죽은 다음에 전달되기도 한다.

하지만 이 작품에서는 다르다. 앤서블을 통해 시간의 간극 없이 동시에 소통하는 것이 가능하다. 앤서블은 거리와 상관없이 바로 소통할 수 있는 일종의 전화기 같은 물건이다. 예전에는 편지를 써서 보내면 며칠에서 몇 달이 걸려야 받을 수 있기에 소통이 서로 다른 공간에서 이루어졌다. 하지만 지금은 실시간으로 전화를 할 수 있으니 같은 공간에 있는 것처럼 소통할 수 있다. 오늘날 전 세계가 지구촌이라는 이름으로 불리는 것도 동시에 소통할 수 있는 공간이 되었다는 의미다.

아주 작은 발명품인 앤서블은 엄청나게 멀리 떨어진 두 우주를 하나의 공간으로 인식하게 만든다. 앤서블이라는 장치의 의미를 정확하게 파악한다면, 이 광활한 우주를 '우주촌'으로 만들어준 것이라 할 수 있다. 이런 이유로 앤서블이라는 장치는 타임머신만큼이나 중요한 노붐이다.

2부_____

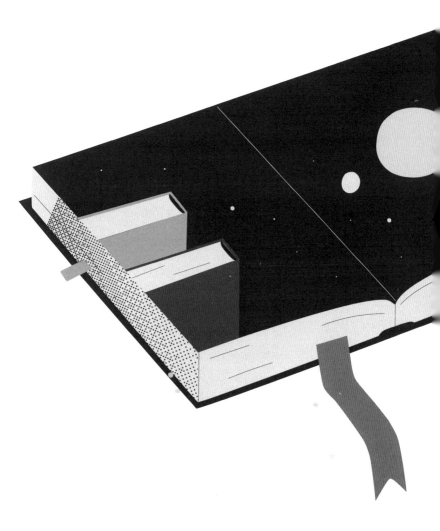

SF의 무대,

어떤
상상은
현실이 된다

_어디로
갈 것인가?

'현실 도피'는 SF라는 장르가 성장하고 자리를 잡게 만든 결정적 특징이다. 이 특징은 SF 장르에서 새로운 공간에 대한 다양한 시도와 탐구로 이어진다. 대표적으로 '우주'라는 새로운 공간으로 탐험을 떠나며 스페이스 오페라가 탄생한다. SF는 무한한 우주를 유영하며 상상을 펼쳐내는데, SF 장르는 그렇게 우주를 품고 자랐다. 하지만 SF는 현실 비판에 몰두하고 그렇지 않은 작품을 수준 낮은 것으로 폄하하거나 등한시하면서 점차 대중성을 잃어갈 위험에 처하기도 했다. 하지만 SF는 새로운 공간, 예를 들어 '사이버스페이스'에 대한 탐구로 이러한 위기에 대응한다.

21세기, 왜 SF가 아닌
판타지가 주류가 되었나

현실 문제에 집중한 SF, 현실 도피를 택한 판타지

"어디로 갈 것인가?"

SF를 좋아하는 이들에게는 아주 익숙한 문장이다. 이 질문에는 네 가지 의미가 담겨 있다. 새로운 것을 찾아 어딘가로 떠나고 싶은 모험심, 낯선 것을 탐구하는 호기심, 어디든 갈 수 있는 능력, 어디로 가든지 거기서 살아남고 번영할수 있다는 자신감, 그리고 어쩌면 거대한 보상이 있을지 모른다는 기대감. 이 모든 것이 그 말 한마디에 담겨 있다.

이런 것들은 SF를 읽고 보는 수많은 사람들이 다른 어떤 장르에서보다 더 크게 만족을 느끼는 감정이다. 바로 SF의 인기를 만들어내는 감정인 것이다. 따라서 '어디로 갈 것인가?'는 그냥 자주 등장하는 말이 아니라 꼭 등장해야만 하는, 또한 계속해서 더 묻게 만들어야만 하는 말이다. 어떤 면에서 보면 SF는 이 질문에 답을 하면서 생존해나가기 때문이다.

2001년부터 2019년 사이 『반지의 제왕』, 『해리 포터』, 『나니아 연대기』, 『왕좌의 게임』 등 판타지 장르가 굉장한 인기를 끌었다. 2012년 영화 〈어벤져스〉가 등장하면서 그 양상이 달라지기는 했지만, 그 이전인 2001년부터 2010년 사이에 위에서 언급한 작품들이 영화와 드라마로 만들어져 전 세계적인 관심을 받았다. 공교롭게도 이 작품들은 모두 '판타지'다. 이처럼 판타지가 부흥하는 반면 SF 장르가 주춤한 것과 관련해서 2011년, SF 장르 출판사로 유명한 토르Tor에서 일하던 라이언 브리트는 이런 말을 했다.

"판타지, 그리고 에픽 판타지가 대중문화를 휩쓸고 있다. (…) 칼과 성과 마술의 갑작스러운 등장으로 분명한 피해자가 생겼다. 판타지의 오래된 사촌인 SF 장르는 그 어느 때보다 인기가 없다. (…) 판타지가 왕좌에 앉아 있는 동안 왜 SF는 자리를 지키려고 애써야 하는가."[9]

브리트는 'SF도 판타지처럼 인기가 있었는데 왜 21세기 들어서는 SF가 아닌 판타지만 인기가 있지?'라는 의문을 제기한 것이다. 도대체 뭐가 문제였을까? 이에 대한 답은 아주 단순했다. 바로 '현실 도피escapism' 때문이다. 브리트가 보기에 SF는 초반, 즉 19세기 말에서 20세기 중반까지 현실 도피적인 작품이 많이 나오며 인기를 끌었다. 그러다가 20세기 후반부터는 SF가 정치적이고 사회적인 이슈를 많이 다루었다. 결과적으로 현실 도피보다는 현실을 적극적으로 반영하는 데 집중했다.

SF가 현실의 문제들을 적극적으로 다룸으로써 작품의 문학성이 상당히 높아지는 결과를 낳았다. 반면에 이는 그만큼 현실 도피적인 작품들이 줄어들었다는 의미기도 하다. 이처럼 SF의 문학적 위상이 올라가면서 현실을 잊게 만드는 매력은 점차 축소되고 있었다. 이와 달리 판타지는 여전히 현실 도피적인 이야기를 계속 만들어냈고 그 결과 21세기에는 판타지가 상당한 인기를 끌게 된 것이다.

브리트가 말하듯 SF가 심각한 이슈를 다시 보게 만들면서 "이게 바로 우리가 말하는 거야."라고 한다면, 판타지는 "이 세계에 들어와서 잠시 머물다 가지 않을래?"라고 묻는

다. 그리고 많은 사람이 그런 곳에서 현실의 고됨을 잊고 잠시 쉬기를 원했다. 그들은 '사는 것도 힘든데 책을 읽으며 잠시 현실 도피라도 해야지'라는 생각에 판타지에 빠진다는 것이다. 결국에는 현실 도피라는 주제와 틀을 멀리함으로써 SF는 점차 인기를 잃어가고 있다고 브리트는 진단한다.

SF 정전화, 무엇이 문제인가

'현실 도피'는 SF라는 장르가 성장하고 자리를 잡게 만든 결정적 특징이다. 앞서 다르코 수빈이 인지적 낯섦과 노붐을 SF의 특징이라고 했지만, 사실 수빈이 말하는 이 두 가지 특징은 다소 난해하다. 그 특징을 기준으로 SF를 평가하고, 좀 더 좋은 작품과 아닌 작품을 나누는 비평적 작업은 가능해졌다. 또한 그러한 작업을 통해 SF의 전통과 역사를 정립할 수는 있었다. 하지만 결과적으로 많은 SF들이 수준 낮은 작품으로 폄하되는 결과를 낳기도 했다.

작가 시어도어 스터전Theodore Sturgeon은 소위 '스터전의 법칙'이란 것을 만들었다. 그 법칙에 따르면 세상 모든 것의 90퍼센트는 쓰레기다. 이와 관련해 그는 두 가지 결론을 도출한다. SF에서 엄청난 양의 쓰레기가 존재한다는 사실은 인정할 만하고 안타까운 일이라는 게 첫 번째 결론이다. 하지만 그것은 세상 어디에나 존재하는 쓰레기보다 더 부자연스러운 것은 아니다. 스터전은 SF에는 쓰레기 같은 작품이 많지만, 세상 모든 일이 그와 비슷하기에 특별한 것은 아니라고 말한다. 동시에 나머지 10퍼센트의 작품들은 최고의 SF 작품으로서 다른 영역의 문학 작품과 견주어도 충분히 작품성이 있음을 의미한다. 따라서 두 번째 결론은 최고의 SF는 다른 어떤 장르의 최고 작품만큼 훌륭하다는 것이다.

스터전의 말과 SF의 흐름으로 추정해보건대, 그 10퍼센트를 살리기 위한 노력은 계속 있었다. 그것이 어떤 작품들이며 어떤 이유로 그 10퍼센트에 들어가는지를 설명하려는 노력, 그런 작품들을 계속 만들어내려는 노력 말이다. 즉 최고의 SF 작품을 가리는 기준인 인지적 낯섦과 노붐이 우수하게 재현된 작품을 창작하며 계속 성장했다. 그런데 이는 다른 문제를 양산했다. 즉 나머지 90퍼센트의 작품들은 대부분 현실 도피적인 작품이었고, 비평가들이 이를 등한시하거나 심지어 폄하하는 결과를 낳고 말았던 것이다.

개인적으로 나 역시 여기에 동참한 사람 중 한 명으로 일말의 죄책감을 느낀다. 학교에서 SF를 가르치는 학자이자 비평을 하는 사람으로서 현실 도피적인 SF는 수준이 낮은 작품이라고 비판해왔기 때문이다. 그렇다고 내 견해를 바꿀 수는 없다. 적어도 학제 내에서 SF를 가르치고 연구하는 학자로서는 말이다. 사실 10년 전만 해도 사람들은 내게 "왜 그런 걸 연구하고 가르치느냐?"라고 물으며 의아해했다. 그 질문에 대한 답을 하기 위해 10퍼센트에 해당하는 작품들만 주로 다루었으며, 그 작품들이 왜 중요하고 좋은지만 설명하려 했다. 그러다 보니 자연적으로 나머지 90퍼센트의 작품들이 그저 재미로 읽는 작품으로 여겨지거나 학문적 중요성을 인정받지 못하는 데 나름의 공헌을 했던 셈이다.

어쨌든 20세기 후반에 이르러 SF는 앞서 브리트가 말했던 심각한 사태, 즉 대중성을 잃는 현실을 맞게 된다. 더 큰 문제는 그 결과, SF의 성장을 이끌어온 힘 자체를 잃을 수 있다는 점이다. 장르의 성장 자체가 대중과 아주 밀접한 관계가 있기 때문이다. 따라서 대중이 외면한다면 SF 장르 자체의 존립이 위협받을 수 있다.

비평가 칼 프리드먼은 프랑스 혁명 이후 역사의식과 경제력을 갖게 된 대중들에 의해 SF가 커나갔다고 설명한다. 대중들이 쉽고 싸게 접할 수 있도록 SF는 이른바 펄프 잡지를 주요 매체로 삼았다. 이후에는 TV와 영화가 주요 매체가 되었다. 즉, SF는 태생적으로 '펄프를 중심으로 한 구성체'로 시작하면서 대중들에게 쉽게 다가갔다. 대중들은 잡지에 실린 작품들을 읽으며 장르에 익숙해졌다.

또 다른 비평가인 데이비드 시드도 대중의 중요성을 언급하며 "1880년 이전의 SF를 논의하는 것은 별로 의미가 없다."라고 단언했다. 왜냐하면 그때가 되어서야 노동계급을 포함한 영국과 미국 인구의 대부분에게 문자와 초등교육 연장이 가능했고, 오래된 형태의 대중문학인 페니 드레드풀과 다임 노블을 새롭고 싼 잡지 형식으로 교체했기 때문이다.

나도 이 말에 동의한다. 앞서 SF가 언제 시작했는지를 논의할 때 대부분 메리 셸리의 『프랑켄슈타인』을 그 시작점으로 삼는다고 말했다. 우선 이 작품은 마법사가 아닌 과학자를 주인공으로 한다. 게다가 모호하지만 마술이 아닌 과학적 방식으로 새로운 생명체를 만들어내면서 과학의 철학적, 사회적, 윤리적 의미를 탐구하게 만들었다. 하지만 앞서 나는 웰스의 『타임머신』을 SF의 시작으로 꼽는다고 말했다.

그 이유 중 하나는 『프랑켄슈타인』은 작품만 봤을 때는 SF적인 측면이 많지만, 그 당시에는 대중문학으로서의 SF 가 불가능했던 시기였기 때문이다. 따라서 『프랑켄슈타인』을 SF의 '원형'이라고 볼 수는 있겠지만 SF의 '시작'이라고 보기는 힘들다고 생각한다. 어쨌거나 대중과 SF의 관계는 이처럼 상당히 밀접하다.

지금껏 살펴봐왔듯이 대중의 성장과 대중문화 매체의 확장은 SF가 자라난 토양이다. 그런 연유로 소수의 작품만을 우대하려는 움직임은 분명 우려를 자아낸다. 수빈의 기준에 따라 SF를 비평하는 프리드먼 역시 비슷한 우려를 표한다. 프리드먼은 SF를 정전화하고 비평의 대상으로 만드는 현상에 대해 이렇게 지적한다. "SF를 정전화하는 일은 장르 내에서 그리고 장르 너머에서 진정으로 새롭고 비판적인 많은 것들을 억압하게 만들 위험이 있다."

프리드먼의 말을 유념한다면 SF가 '현실 도피'라는 특징을 판타지에 내준 일은 매우 걱정스럽다. 당장은 사회적 이슈를 재현한다는 점에서 문학적 성취도가 높을 수도 있다. 하지만 만일 그 이슈가 어떤 방식으로 해결되거나 혹은 재현하기에 너무도 복잡해지면 과연 SF의 향방이 어떻게 될지 고민스럽다. 그런 상황에 맞닥뜨렸을 때 SF가 '진정으로 새롭고 비판적인 것들을' 생산할 역량이 있을까? 대중적 인기가 줄어든 상황, 다시 말해 독자층이 축소된 상황에서 과연 그런 역량이 나올 수 있을까?

스페이스 오페라는
어떻게 탄생했는가

SF가 애용한 세 가지 공간

SF 장르가 본래의 힘을 잃지 않으려면 자신의 원래 특징인 현실 도피가 계속 유지되어야 한다. 현실 도피라는 주제와 소재를 계속 유지하려면 어떻게 해야 할까? 이때 SF가 할 일은 '공간'을 탐구하는 것이다. 지금 이 현실 말고 다른 공간으로 갈 수 있는 가능성을 계속 보여줌으로써 현실 도피를 실현할 수 있다.

데이비드 시드는 현실 도피의 입장에서 SF가 세 종류의 여행을 한다고 얘기한다. 첫 번째는 당연히 지구상에서 하는 여행이다. 이 여행기는 예전부터 많은 문학 장르에서 만날 수 있었다. 토머스 모어의 『유토피아』, 조너선 스위프

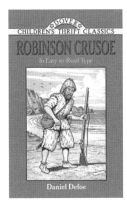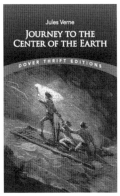

대니얼 디포의『로빈슨 크루소』와 쥘 베른의『지구 속 여행』

트의『걸리버 여행기』, 대니얼 디포의『로빈슨 크루소』처럼 지구상의 새로운 곳으로 떠나는 여행기다.

그런데 19세기에 들어와 조금 새로운 두 번째 여행기가 등장한다. 어떤 측면에서는 이것이 SF의 전신이라고도 할 수 있다. 바로 '지구 속'으로 여행하는 이야기다. 쥘 베른의『지구 속 여행』도 이때 등장했다. 이 작품은 '경이의 여행' 시리즈 중 한 작품이며 쥘 베른의 초기 대표작 중 하나다. 아이슬란드에 있는 화산 분화구로 들어가서 지구의 내부를 탐험한다는 내용을 담고 있다.

당시 일반인들에게 지구 속은 미지의 세계로, 그곳을 여행하는 것은 아주 낯선 일이었다. 왜 그곳으로 가야 하는지도 모를뿐더러 어떻게 가야 하는지도 알지 못했다. 그래서 이런 작품들은 대부분 주인공을 지질학자로 설정한다. 『지구 속 여행』의 주인공 '오토 리덴브로크'도 지질학자다. SF는 지구의 지상이나 내부로의 여행으로 현실 도피를 전개하다가, 19세기 말에는 완전히 새로운 공간으로 여행을 떠난다. 바로 세 번째 여행기인 '우주로의 여행'이다.

우주로의 여행, 새로운 현실 도피의 공간이 등장하다

SF에 있어 새로운 공간으로 가는 일은 '현실 도피'의 전형이다. 웰스의 『타임머신』을 SF의 시작이라고 했는데 그 작품에서도 주인공은 여행자로 설정돼 있다. 사실 여행기는 SF가 등장하기 이전부터 오랫동안 인기 있는 장르였다. 종교적 판타지, 꿈 이야기, 유토피안 판타지에서 시작한 상상의 여행 등은 신세계로의 여행기로 이어졌다. 이 장르에서 낯선 문물과 예기치 못한 모험 그리고 그 결과 얻게 되는 보상 등은 여행기의 공식과 같았다. 물론 이 점은 SF도 마찬가지였다.

앞서 데이비드 시드는 초기 SF가 세 곳의 장소로 여행한다고 정리했다. 지구 표면, 지구 속, 그리고 우주다. 지구 표면은 여행기의 연장이고, 지구 속은 19세기 지질학과 고고학의 발달에 영향을 받았다. 지구 안에서의 여행은 이전 시대의 운송 수단으로 가능하다. 하지만 우주는 다르다. 물론 SF의 본격적인 시작 전에도 다른 행성으로 가는 이야기가 있었지만, 그때의 이동은 현실적인 이동이 아니라 마술과 같은 여행이었다. 그러나 로켓과 우주선의 등장으로 우주여행은 현실처럼 다가오기 시작했다.

이제 더 이상 지구상 혹은 지구 속, 바닷속을 뒤질 필요가 없어진 것이다. 우주선에 오르기만 하면 되니까. 미국의 물리학자이자 로켓공학자인 로버트 고더드Robert Goddard가 처음으로 액체연료 로켓을 쏘아 올린 것은 1926년이다. 사람들은 그걸 보면서 이제 우주로의 여행이 가능하다고 믿게 되었다. 지금은 우주여행이 현실이 됐지만 20세기 초에는 상상의 영역이었기에 매우 신비로운 방식으로 떠나는 여행이었다. 그러던 것이 로켓 발사를 계기로 과학기술적인 방식으로 바뀌면서 우주여행의 가능성이 현실로 다가왔다.

1926년은 우연히도 SF의 '펄프시대'를 연 휴고 건즈백

SF의 '펄프시대'를 개막한 잡지 《어메이징 스토리즈》

Hugo Gernsback이 잡지 《어메이징 스토리즈Amazing Stories》를 창간한 해이기도 하다. 실제로 초반에는 이 장르를 '우주소설 Space Fiction'이라고 부르자는 움직임도 있었다. 그만큼 로켓 우주선은 처음부터 지금까지 SF의 아이콘으로 남아 있다. 이는 '어디로 갈 것인가'라는 질문에 모험이라는 답을 주었고, 사람들은 이 모험에 열광하기 시작했다.

　우주선과 우주여행에 대한 상상력은 웰스 소설에 나오지만, 20세기 초반 유럽이 그것에 대한 상상력을 꽃피우기에는 너무도 큰 피해를 입었다. '현실 도피'라는 말이 무척이나 사실적으로 느껴지게 된 것이다. 대신 우주여행에 대한 상상력은 대서양을 건너가 20세기 새로운 강대국으로 부상한 미국에서 급성장한다. 그 무렵 펄프 잡지가 성행하며 현실 도피적 우주 여행기가 압도적으로 쏟아진다.

우주로 떠난 소프 오페라와 호스 오페라

1941년, 윌슨 터커는 이 작품들을 '스페이스 오페라Space Opera'라고 명명했다.[10] 그렇게 부른 이유는 무엇일까? 당시 라디오에서는 멜로 드라마가 방송됐는데 드라마 중간에 비누 광고가 나왔다. 그래서 그런 류의 드라마를 '소프 오페라Soap Opera'라고 불렀고, 소프 오페라는 하나의 장르가 된다. 그 후 1940년대에 이르러 미국에서는 서부극이 상당한 인기몰이를 했고, 이를 '호스 오페라Horse Opera'라고 불렀다. '말을 타고 다니는 오페라'라는 의미다. 소프 오페라는 감정적인 부분, 특히 사랑과 우정 등 인간의 감성적인 면을 강조한 드라마였다. 반면 서부극은 낯선 공간인 '서부'에서 인디언들과 싸우는 정의감에 찬 주인공들을 내세우고 그들이 항상 옳고 정의롭다는 서사를 선보였다.

스페이스 오페라는 이 두 가지를 우주 공간으로 옮긴 것이라 볼 수 있다. 우주 공간으로 떠난 주인공이 적을 만나고 그들과 싸우다가 정의롭게 승리하며, 결국에는 사랑도 이룬다는 서사가 반복적으로 등장한다. 그것이 스페이스 오페라라는 장르의 기본적인 틀이다.

스페이스 오페라의 가장 큰 특징이자 첫 번째 특징 _우주선

윌슨 터커는 당시 대중들에게서 폭발적인 인기를 얻은 스페이스 오페라의 주요 특징을 세 가지로 규정했다. 이는 스페이스 오페라에 꼭 들어가야 하는 요소로 우주선, 재미있는 모험 이야기, 정형적인 플롯과 평범함이다.

먼저 우주선을 살펴보자. 스페이스 오페라를 이전의 여행기와 가장 다르게 만드는 특징은 바로 '우주선의 존재'다. 이와 관련해서 흥미로운 점은 실제 과학기술을 그대로 반영한다는 점이다. 즉 실제 우주선의 발전이 SF 작품에 등장하는 우주선과 발전의 궤를 같이한다. 그래서 우주선의 발전이 SF 독자들의 관심을 끌게 되었다.

옆의 사진을 보면 왼쪽 상단의 우주선은 〈스타트렉〉에 나오는 것이다. 처음으로 광속을 넘어 워프 스피드로 우주로 향하는 '피닉스' 우주선이다. 그 아래는 〈스타트렉〉에 등장하는 '엔터프라이즈'로 피닉스보다 더 세련되고 더 근사해져서 관객들은 이 우주선을 보는 것만으로도 즐거움을 느꼈다. 이처럼 우주선의 발전을 보는 것 자체가 스페이

SF에 등장한 주요 우주선. 피닉스(왼쪽 상단), **밀레니엄 팔콘**(오른쪽 상단), **엔터프라이즈**(왼쪽 하단), **타디스**(오른쪽 하단)

스 오페라의 흥미 요소라 할 수 있다.

스페이스 오페라에 등장한 우주선 중 '밀레니엄 팔콘'은 〈스타워즈〉에서 '한 솔로'가 타고 다니는 우주선이다. 세련된 엔터프라이즈에 비해 낡은 데다 번번이 고장이 나서 겨우 살아남는 우주선이다. 그런데 흥미로운 점은 이 우주선 캐릭터가 주인공 '한 솔로'와 매우 닮았다는 것이다. 한 솔로 역시 결점이 많은 사람이며 사고도 자주 치지만 어떻게

든 끝까지 살아남는 불굴의 인물이다. 그래서 우주선 자체가 과학기술을 대변하는 장치이면서 동시에 인물과 동일시되는 존재가 된다.

즉 스스로 인격체가 되는 건 아니지만 특정 인물과 유사한 특성을 보이며 분신처럼 작동한다. 최근 우리나라에서 제작한 영화 〈승리호〉 속의 '승리호'도 마찬가지다. 쓰레기를 수거하는 우주선이지만 너무도 낡아 수거하는 쓰레기와 크게 달라 보이지 않는다. 마찬가지로 승리호의 선원들은 청결함이나 질서정연함과는 거리가 먼 인물들로 사회에서 버려진 존재나 다름없다. 그렇지만 쓰레기를 청소한다는 설정은 우주선과 인물들 모두 환경적으로 긍정적 가능성을 갖고 있음을 암시하고, 영화는 이 암시가 실현되는 결론을 보여준다.

그 외에 〈닥터 후〉라는 드라마 속 우주선인 '타디스'도 예로 들 수 있다. 타디스는 공중전화박스 모양을 하고 있어서 일반적인 우주선의 외형과는 거리가 멀다. 으리으리한 외형을 지닌 우주선과 비교하면 아주 볼품없다. 그런데 막상 안으로 들어가면 엄청나게 넓을 뿐 아니라 시간여행이 가능한 우주선이다. 타디스는 이 우주선을 타고 다니는 '닥터 후'라는 인물과 동일시된다. 닥터 후는 겉보기에는 인간처럼 보이지만 실은 '타임 로드'라는 외계인으로 엄청나게 많은 경험과 비밀을 간직한 인물이다.

이처럼 세련되고 크거나 반대로 그다지 볼품없는 모습의 우주선이 있다. 그런데 여기에 또 다른 우주선들이 등장하기 시작한다. 한스 모라벡이 언급한 마인드 업로딩과 같은 과정을 통해 인간의 정신을 담아낸 우주선이다. 이들은 마치 하나의 인물처럼 사람과 대화를 나눈다. 단순한 인공지능이 아니다. 인간의 지능이 우주선과 하나가 되어 움직이고 작동하는 작품들이 등장한다.

그 첫 작품으로 앤 맥카프리Anne McCaffrey의 단편소설 「노래하는 배The Ship Who Sang」(1961년)를 들 수 있다. 장애가 있지만 머리가 아주 뛰어난 사람들이 빚을 갚기 위해 일을 하는데, 그 일이 바로 우주선의 '브레인'이 되는 것이다. 여기서 우주선은 도구일 뿐만 아니라 동시에 인물이기도 하다. 물론 인공지능이 우주선을 조종하며 때로는 인격체처럼 행동하는 이야기는 이미 존재한다. 하지만 인간이 배와 하나가 된다는 건 다소 새롭다.

브레인십이 등장하는 SF 작품 『노래는 배』와 『시간의 아이들』, 그리고 영화 〈어벤져스〉와 〈스타트렉 비욘드〉에 등장하는 우주선

에이드리언 차이콥스키^{Adrian Tchaikovsky}의 『시간의 아이들
Children of Time 』(2015년)은 최근의 작품이다. 여기서도 한 인물
이 자신의 정신을 우주선에 담아내서 나중에는 자신이 우
주선인지 사람인지 잘 모르는 상태가 된다. 새로운 정착지
를 찾아 오랜 시간 우주를 떠돌던 우주선에 탑승해 있던 인
물이 죽기 전 우주선의 컴퓨터에 정신을 업로드한다. 이런
우주선을 '브레인십'이라고 부른다.

사실 우주선은 무기물인데 최근 들어 생명공학과 과학
기술의 발전으로 생명체처럼 움직이는 우주선이 등장했
다. 이를 '바이오십'이라고 부른다. 〈어벤져스〉에 나오는
'리바이어던'은 치타우리족이 타는 우주선으로 벌레 모양
의 외형을 가져서 생명체인지 우주선인지 헷갈린다. 〈스타
트렉 비욘드〉에 나오는 우주선도 마찬가지다. 우주선의 외
형과는 거리가 먼 드론 같은 형태를 지니고 있으며 벌떼나
새떼처럼 움직인다. '스웜'이라 불리는 이 우주선은 지금껏
우리가 생각했던 우주선의 전형과는 완전히 다른 방식으
로 움직이고 공격을 감행한다.

이처럼 우주선의 변화와 진화 덕분에 스페이스 오페라
의 재미는 더욱 배가되면서 발전하고 있다. 그만큼 SF에서

우주선은 핵심적이고 중요한 요소다.

스페이스 오페라의 두 번째 특징과 세 번째 특징 _ 재미있는 모험, 그리고 정형적 플롯과 평범함

스페이스 오페라의 두 번째 특징인 '재미있는 모험 이야기'는 조금 뒤에 살펴보기로 하고, 세 번째 특징을 먼저 이야기해보자.

스페이스 오페라의 세 번째 특징은 정형적 플롯과 평범함이다. 이런 이야기를 들으면 '플롯이 정형적이고 평범하다는 것은 내용이 뻔하다는 말인데 그건 오히려 단점 아닌가?'라고 의구심을 갖는 사람이 많을 것이다. 이를 이해하기 위해서는 먼저 SF가 소비되는 과정과 소비층에 대해 살펴볼 필요가 있다. 대부분의 스페이스 오페라는 잡지 형태로 연재되었다. 즉 잡지라는 특성상 작품의 완결성보다는 연속성이 중요했다는 뜻이다. 소설책처럼 한번에 쭉 읽을 수가 없기에, 플롯이 복잡하거나 지나치게 자주 변경되면 독자가 그 흐름을 따라잡기 힘들다.

게다가 작가도 글을 쉽게 쓰려면 연속적으로 큰 변화 없는 정형적이고 평범한 플롯이 필요했다. 마치 아침 드라마의 쪽대본처럼 선과 악의 구분이 확실하고 적당한 시기에 주인공의 승리가 보장되는 플롯이 잡지에 실리는 소설 작품에는 적합했던 것이다. 이에 따라 평범함은 스페이스 오페라의 당연한 덕목이 되었다. 너무 강하거나 악한 인물이 나와서 수습하기 힘든 복잡한 일들이 벌어지면 안 되기 때문이다. 당연히 정형적인 인물과 너무 특별하지 않은 사건이 필수 요소였다.

스페이스 오페라의 경우 편집자가 상당히 비중 있는 역할을 한 것도 특이한 점이다. 이야기의 내용상 필요한 모든 요소를 조율하는 건 작가였지만, 그 이야기가 실리는 잡지의 상업성을 위해 난이도와 내용을 조정하는 역할은 편집자가 했다. 그 때문에 잡지에 연재 형식으로 실린 스페이스 오페라는 특히 편집자의 역할이 매우 중요했다.

이제 두 번째 특징인 '재미있는 모험'에 대해 이야기할 차례다. 그런데 '정형적인 플롯과 평범한 내용'이라는 세 번째 특징과 '재미있는 모험 이야기'는 서로 모순 관계로 보인다. 재미가 없다면 대중의 관심을 잃게 되고, 그것은 스페이스 오페라가 절대로 허용해서는 안 되는 일이다. 즉 상업적인 측면에서 등장한 두 번째 특징과 장르적인 면에서 등장한 세 번째 특징 모두가 '필수 특징'이다. 성공하는 스페이스 오페라 작품을 쓰고 싶다면 반드시 이 모순을 해결해야 한다.

그렇다면 정형적인 플롯과 평범한 내용에서 어떻게 재미를 유발할 수 있을까? 또 항상 주인공이 이기는 똑같은 결말임에도 어떻게 모험을 흥미롭게 만들 수 있을까? SF 작가들, 특히 스페이스 오페라를 쓰는 대부분의 작가들에게는 '이 두 가지를 어떻게 동시에 추구할 수 있을까' 하는 것이 가장 큰 난제였다.

〈스타워즈〉는
스페이스 오페라의 특징을
어떻게 구현해냈는가

스페이스 오페라는 1930년대에 유행했다. 그때부터 많은 작품이 등장했지만, 오늘날까지 인지도를 유지하고 있는 작품은 거의 없다. 그런 점에서 〈스타워즈〉는 예외적이다. 이 작품은 초기의 스페이스 오페라는 아니지만 그 전통을 이어받아 확장시킨 영화 시리즈로, 전 세계인 누구에게나 익숙할 정도로 큰 인기를 얻은 작품이다. 이제는 스핀오프도 생겨서 조금 복잡해졌다고는 할 수 있지만 〈스타워즈〉의 내용은 사실 단순하다.

오래된 악의 축인 '시스'와 '제국'이 한편에 있고, 반대편에 선을 대표하는 '제다이'와 '연합군'이 있다. 그리고 이들은 각각 우주의 지배와 평화를 위해 매번 전쟁을 벌인다.

전쟁에서 때로는 악이 이기는 것처럼 보이지만 결국엔 선이 이기는 구도로 나아간다. 가족관계가 다소 복잡하게 다가올 수는 있지만, 그것도 따지고 보면 장시간의 전쟁으로 복잡해진 상황을 좀 더 간단하게 정리하는 장치라 할 수 있다. 결국 〈스타워즈〉의 장점은 언제 봐도 금방 이야기가 정리되고 독자가 이를 쉽게 따라갈 수 있다는 점이다. 거기에다 보는 재미까지 있다.

그렇다면 〈스타워즈〉는 어떻게 그 오랜 시간 관심과 사랑을 받을 수 있었을까? 스페이스 오페라의 특징 세 가지를 중심으로 살펴보자.

〈스타워즈〉 성공 요인 1 _ 우주선 '데스 스타'의 압도적 스케일

〈스타워즈〉를 좋아하는 이들은 작품 속 주인공들에 관심이 많다. 루크 스카이워크를 포함한 제다이들로 대표되는 정의로운 인물들, 그 외 다스베이더 같은 악당들까지…. 하지만 이런 캐릭터의 등장은 스페이스 오페라에만 국한된 특징은 아니다. 그렇다면 스페이스 오페라만이 가진 특징을 〈스타워즈〉는 어떻게 활용했을까?

가장 중요한 요소는 '우주선'이다. 앞서 언급했듯이 우주선은 스페이스 오페라에서 가장 중요한 요소다. 우주선이 없으면 스페이스 오페라가 탄생할 수 없기 때문이다. 그런데 〈스타워즈〉에서는 우리가 종전에 접하지 못한 전혀 다른 방식의 우주선이 등장한다. 바로 '데스 스타Death Star'다. 〈스타워즈〉 전편을 통해 두 번 등장하는 이 우주선은 과학기술의 무한한 발전과 함께 끝없이 팽창하려는 제국을 상징한다. 따라서 데스 스타의 특징은 그 엄청난 크기로 계속 압도한다는 점이다.

반면 우주선 밀레니엄 팔콘은 제국의 위력에 무너질 것처럼 보이지만, 결국 생존해서 새로이 반격을 노리는 연합군을 상징한다. 일종의 상업 우주선이었던 팔콘이 점차 연합군의 중심으로 자리한다. 더 나아가 연합군의 전통을 대신하는 과정은 다양한 계층들이 힘을 합치는 연합군의 성장을 상징한다. 하지만 진정 흥미로운 우주선은 막강한 군사력과 정치력을 발휘하는 제국을 상징하는 우주선 데스 스타다. 행성을 파괴할 만한 압도적인 레이저 무기를 장착했다는 점에서 연합군에게는 엄청난 위협이다. 또한 그 위력만큼이나 대중의 관심을 많이 받는다.

하지만 데스 스타의 진정한 매력은 바로 그 크기에 있

과학기술의 발전과 막강한 군사력으로 끝없이 팽창하려는 제국을 상징하는 우주선 '데스 스타'

다. 이름에서 볼 수 있듯이 데스 스타는 별처럼 큰 우주선이다. 첫 번째 데스 스타는 지름이 160킬로미터 이상이고, 무려 200만 명에 가까운 승무원이 탑승한 것으로 그려진다. 두 번째 데스 스타는 그보다 더 크다. 물론 진짜로 별 크기는 아니지만, 외형도 기존의 우주선과 다를 뿐 아니라 우주선의 개념도 완전히 바꾸어놓았다. 다른 영화에서 종종 엄청나게 큰 우주선이 등장하지만 데스 스타는 격이 다르다. 등장만으로 압도적인 장관을 펼쳐내며 상상력을 자극한다.

어쨌든 〈스타워즈〉를 보는 재미 중 하나가 데스 스타가 얼마나 더 커지고 강력해지는지, 그에 따라 제국이 얼마나 광대한 힘을 발휘하는지 보는 것임은 분명하다. 다른 한편으로 이 괴력의 데스 스타를 파괴함으로써 제국의 끝을 이야기할 수 있다는 점 또한 매력적이다. 데스 스타가 어떻게 되는지만 봐도 〈스타워즈〉의 이야기 전개를 이해할 수 있을 정도다. 그만큼 데스 스타는 영화를 특별하게 만드는 우주선이다.

〈스타워즈〉 성공 요인 2 _ 착한 외계인의 등장

스페이스 오페라에서 진정 새로운 것은 '외계인'의 등장이다. 스페이스 오페라는 지구에서 벗어나 아무도 없는 우주를 탐험하는 이야기가 아니다. 지구를 배경으로 하는 여행기나 SF에서도 낯선 존재를 만나기는 하지만 한계가 있다. 더구나 우리에게 알려진 존재들, 예를 들어 말을 하는 동물을 만든다면 의인화를 한다는 점에서 우화처럼 여겨질 가능성이 있다. 하지만 우주로 가면 그런 제약이 사라진다. 무한한 상상력을 발휘해 완전히 새로운 존재를 등장시킬 수 있다.

　물론 아예 제약이 없는 것은 아니다. 인간과의 소통 혹은 긴장 관계를 형성하거나 분쟁을 할 수 있을 정도의 능력을 갖춘 존재여야 하기 때문이다. 즉 새로우면서도 익숙한 존재, 수빈의 인지적 낯섦을 떠올리게 하는 존재가 바로 외계인이다. 그렇다면 〈스타워즈〉에 등장하는 외계인들은 어떤지 살펴보자.

〈스타워즈〉에는 전편을 통틀어 약 50여 종의 외계인이 등장한다. 그 숫자가 조금 많은 것 같지만, 누군가는 "그렇게 우주 곳곳을 돌아다니는데 50종밖에 등장하지 않는다고?"라는 질문을 던질 수도 있을 것이다. 그 많은 외계인 중에 가장 많이 알려진 외계인은 '요다Yoda'와 '추바카Chewbacca'라 할 수 있다.

이 두 외계인 중 요다는 SF 역사상 가장 인기 있는 외계인이라 할 만하다. 그 인기만큼이나 요다라는 외계인이 가진 특징은 정말 중요하다. 요다는 제다이로, 루크 스카이워커의 스승이다. 추바카는 한 솔로와 함께 다니는 우키족의 일원이다. 요다의 겉모습은 정말 볼품없다. 하지만 왜소하고 늙은 모습과 달리 요다는 우주의 포스를 통해 엄청난 힘을 발휘하는 능력을 지니고 있다. 그리고 주어와 술어를 뒤바꿔 말하는 특이한 화법으로 전해지는 깊은 지혜까지, 요

〈스타워즈〉에 등장하는 대표적 외계인 요다와 추바카

다는 많은 이들에게 강한 인상을 남기는 인물이다.

하지만 자세히 들여다보면 이 특징들은 모두 반전의 요소를 담고 있다. 겉모습과 다른 내면의 모습, 특히 하찮아 보이는 모습 뒤에 숨겨진 엄청난 힘은 요다를 놀라운 존재로 만든다. 루크 스카이워커가 처음 요다를 만나는 장면을 보면 이를 잘 알 수 있다. 제다이를 찾아 떠난 루크는 외딴 행성에서 요다를 만나지만 그의 겉모습을 보고 실망해 아무런 도움이 되지 못할 것이라 판단한다. 그러나 포스만으로 우주선을 들어 올리는 요다를 본 후 그의 진정한 힘을 깨달은 루크는 요다에게 제다이 훈련을 받고 훗날 제다이가 된다.

이 장면은 매우 인상적이다. 왜냐하면 SF에서 외계인이라는 존재의 순기능을 잘 보여주기 때문이다. 요다의 등장은 우리가 SF를 비롯해 여러 작품에서 만나는 외계인에 대한 선입견을 깨는 계기가 되었다. 일반적인 외계인은 '몸집이 크고 힘이 센' 존재지만 요다는 정반대의 인물이다. 외계인은 악인이라는 정형성 역시 깨뜨린다. 이처럼 요다는 외계인의 장점과 가치를 반전의 기법으로 극대화해낸 인물로, SF 속 외계인의 한계를 넘어서는 새로우면서도 넓은 시각을 갖게 해주는 역할을 한다.

추바카는 앞서 말했듯 우키족으로 한 솔로와 같이 다니는 외계인이다. 그래서 연합군들을 계속 돕는데 한 솔로가 죽은 후에도 계속 연합군에 남아서 그들을 도와준다. 그리고 요다는 죽은 후에 정령으로 남는다. 이 두 외계인, 요다와 추바카는 연합군의 동반자다. 이들은 〈스타워즈〉 시리즈를 계속 유지하게 만드는 원동력이라 할 수 있다. 특히 보통 외계인 하면 '적'이라고 생각하지만 이 둘은 그렇지 않다. 아주 친근하고 선한 '인간의 동반자로서의 외계인'으로 등장한다. 장르가 가진 정형성은 물론 수용자들의 편견을 깨는 인물이라는 측면에서 더욱 특별하다.

사실 이렇게 착한 외계인이 등장하는 경우는 그리 많지 않다. 당시만 해도 외계인을 악하게 그리는 게 일반적이었다. 1951년 영화〈지구가 멈추는 날The Day the Earth Stood Still〉에 등장하는 '클라투'가 최초의 착한 외계인이라 할 수 있을 정도니, 그만큼 외계인 하면 당연히 위협적인 존재를 떠올렸다.

여기에는 미국 사회의 역사적, 정치적 맥락이 숨어 있다. 이민자에 의해 세워진 기회의 땅이라는 미국의 이상은 20세기 초에 끝이 난다. 이민법이 만들어지면서 미국은 이제 공식적으로 외부인에게서 자신들의 자산을 지켜야 하는 곳으로 변모한다. 이어 양차 대전을 거치며 사회주의와 공산주의에 대한 반감이 극대화되고, 이른바 자국을 침범한 외부인을 색출해 제거하려는 시도인 '레드 스케어Red Scare'가 연이어 일어난다.

문제는 이미 다양한 이민자로 구성된 나라에서 다른 나라에서 온 적을 찾아내는 일은 무척이나 힘들고 어렵다는 점이다. 표면상으로는 구분이 되지 않는, 내부에 깊숙이 침투한 적의 존재는 공포의 대상일 수밖에 없다. 자신에게 익숙했던 사람이 적일 수도 있다는 가능성은 의심과 불안으로 신경증적인 반응을 낳고, 궁극적으로는 자신의 정체성까지 의심하는 지경에 이르도록 만든다.

이런 상황을 가장 잘 그린 작가는 필립 K. 딕^{Philip K. Dick}이다. 작가 본인도 광장공포증을 비롯해 여러 신경증을 앓았던 경험이 있기에 이런 점들이 작품에 생생하게 그려진다. 그의 작품에는 아는 사람과 자기 자신의 정체성을 신경증적으로 의심하는 인물들이 등장하고, 그들은 외계인이나 외계인에 의해 조종당하는 이들로 판명된다.

〈스타워즈〉 성공 요인 3 _ 지구인의 동반자인 외계인의 등장

이렇게 역사적이고 정치적인 맥락이 있기는 하지만, 그런 함의와 상관없이 지구에서는 보기 힘든 적으로 외계인을 상상하는 일은 '모험'을 좀 더 재미있게 만드는 방법이다. 특히 나쁜 외계인의 특징에 따라서 모험의 강도는 더 커진다. 어떤 경우에는 고통스럽거나 공포를 자아내면서 특정한 관객층을 공략한다. 〈스타워즈〉에서도 '자바 더 헛^{Jabba The Hutt}' 같은 악한 외계인이 등장하는데, 개인적으로 그다지 흥미롭지 않았다.

악한 외계인과의 싸움은 지구나 우주선 등 인간의 공간에서 이루어진다. 침범했다는 것 자체로 외계인의 악함이

입증되고 따라서 싸워서 없애야 할 정당성이 생긴다. 침범의 모티프는 외계인의 악함을 가늠하는 척도가 된다. 내가 마주하는 다른 존재가 아니라 내 안에 들어오는, 극도의 침범을 감행하는 외계인은 사악한 존재가 되는 것이다. 대표적인 예로 영화 〈외계의 침입자Invasion of the Body Snatchers〉의 식물포자 같은 생명체를 들 수 있다. 인간을 숙주로 삼는 존재나 〈에이리언〉에 등장하는 에이리언처럼 인간의 몸속에 알을 까서 번식하는 존재다.

외계인이 더 악해지고 더 강해지면 모험의 강도 역시 강해지기 때문에 이야기는 더 재미있게 느껴질 수 있다. 하지만 여기에는 맹점이 있다. 반대편 주인공도 그만큼 더 강해져야 한다. 마치 강대국의 군비 경쟁처럼 누가 먼저인지 가늠하기 힘들 정도로 악인과 선인의 능력을 극대화시키는 경쟁이 일어난다. 하지만 언제까지 그럴 수 있을까?

최근 상당히 흥행했던 〈어벤져스〉 시리즈는 이러한 경쟁의 결정판이라 할 수 있다. 하지만 이미 이 시리즈에서도 그 한계가 감지되었다. 바로 '신'의 등장이다. 마치 SF 스스로 더 이상의 능력을 만들어낼 수 없다는 듯이 초자연적이라고 여겨지는 존재들을 투입하기 시작한 것이다. 문제는 신의 능력은 이미 익숙한 특징을 지녔다는 데 있다. 외계인에서 얻어지던 인지적 낯섦이 상쇄되고 만다.

〈어벤져스〉만 해도 신을 적절하게 등장시키고, 신이 인간처럼 굴기 때문에 그나마 큰 무리가 없었다. 하지만 일종의 후속편으로 등장한 〈이터널스〉만 봐도 그것은 옳지 않은 방향이었음이 드러난다. 우주선까지 등장하면서 SF처럼 포장되었지만 결국 주요 내용은 신들이 벌이는 전쟁이다. 문제는 신들의 전쟁이라고 하기는 그 규모가 미약한데, 이 단점을 보완하기 위해 신들을 인간적으로 만든다. 〈어벤져스〉가 신과 인간을 적절히 배치한다면, 〈이터널스〉에는 인간화된 신만이 등장한다. 그래서 영화를 보고 나면 '굳이 주인공들을 신으로 만들 필요가 있었을까?'라는 의문이 생긴다.

대부분의 악한 외계인은 지구나 인간이 사는 곳을 침범한다. 주인공들이 자신의 공간을 떠나지 않았기에 어찌 보면 '현실 도피'와는 다소 거리가 있어 보인다. 여기서 다시 〈스타워즈〉의 요다로 돌아가 보자. 우선 루크나 다른 주인공들은 이미 집을 잃고 도망 다니는 신세다. 지구는 아니지만 자신들이 살던 곳을 떠나 모험을 수행 중인데 관객은 여기에 빠져든다. 현실 도피의 길이 열리면서 주인공과 함께 긴 모험을 떠나는 것이다.

그리고 루크에게 그랬듯이 요다는 그 긴 모험의 동반자가 된다. 보잘것없고 힘도 없어 보이는 낯선 외계인이지만 엄청난 능력을 갖고 있는 선한 동반자로서 말이다. 악한 외계인이 아니라 낯선 곳에서 믿을 수 있는, 새로운 곳에서도 안정감을 주는 외계인이다. 요다가 죽은 후에도 계속 정령으로 등장하는 이유 역시 낯선 모험의 세계에서 안정감을 주기 위함이 아닐까 싶다.

추바카를 동반자로 설정한 것도 같은 의미로 이해할 수 있다. 털복숭이 같은 겉모습을 하고 알아듣기 힘든 비명 같은 언어를 사용하지만, 추바카의 동반자 역할에는 변함이 없다. 심지어는 자신의 파트너인 한 솔로가 죽은 후에도 여전히 남아 있으면서 한 솔로만의 동반자가 아님을 입증한다.

스페이스 오페라에는 이런 동반자적 외계인이 종종 등장한다. 예를 들어 아이작 아시모프Isaac Asimov의 『로봇』시리즈에는 주인공인 베일리를 지구에서 만난 후, 오로라와 솔라리아에서도 같이 협업하는 로봇 '다닐'이 나온다. 베일리는 다닐이 지구로 왔을 때 자신의 영역을 침범한다고 생각해 반감을 갖는다. 하지만 자신이 외계 행성으로 갔을 때는 다닐을 반기고 고마워한다. 적에서 동반자로 변하는 과정이 지구에서 우주로 나가는 모험과 연결된다.

또 다른 예는 〈스타워즈〉와 쌍벽을 이루는 대표적 스페이스 오페라인 〈스타트랙〉 속 캡틴 커크와 스팍이다. 이들은 초반에 다소 삐걱거리다 관계가 진전되면서 점점 진정한 우정을 쌓아간다. 이 둘의 관계가 변해가는 과정 자체가 이 시리즈의 또 다른 재미 요소이기도 하다. 그리고 이는 낯선 존재와 흥미로운 모험 이야기를 만들어가는 서사와 연결된다.

스페이스 오페라에는 여러 종류의 외계인이 등장한다. 때로는 주인공과 직접적 관련도 없이 스치듯 지나가는 외계인도 있고, 때로는 외계인이라고 생각했는데 아닌 경우도 있으며 혹은 정반대의 경우도 있다. 지구인과 비슷하게 생긴 외계인이거나 전혀 다르게 생긴 외계인, 똑똑하거나 멍청한 외계인, 지구인을 해치거나 도와주는 외계인 등 무궁무진하다. 그리고 그들 하나하나가 새로움을 제공한다. 비슷한 캐릭터의 주인공이 항상 비슷한 상황을 극복해내는 뻔한 플롯이 반복되더라도 이 다양한 외계인들이 등장하며 작품에 새로운 기운을 불어넣는다.

사이버스페이스,
SF의 새로운 공간

스페이스 오페라 속에 등장하는 외계 행성의 의미

스페이스 오페라에서 우주선과 외계인 외에 반복되는 것은 무엇일까? 평범한 모험 이야기를 흥미진진하게 만드는 데 한몫을 하는 또 다른 요소는 아무래도 '외계 행성'일 것이다. 지구를 배경으로 한 여행기에 등장하는 낯선 곳은 여전히 지구라는 환경에 얽매여 있기에 대단히 새로울 수는 없다. 그러다 보면 판타지의 세계로 넘어가게 된다.

　사실상 지구에서 새로운 환경을 만드는 것이 힘들기 때문에 자연스럽게 외계 행성으로 눈을 돌려 매우 낯선 곳을 상상한다. 그런데 지구에서도 판타지가 아닌 방식으로 매우 낯선 환경을 그릴 방법이 있다. 바로 종말 이후의 세계,

'포스트 아포칼립스' 세상을 그리는 것이다. 그 이유가 핵전쟁이든 전염병이든 상관없다. 현재의 세상은 더 이상 존재하지 않으며 완전히 달라진 세상, 즉 미래에 사는 인물들과 그들의 모험을 그린다.

요즘 인기 있는 SF는 대부분 포스트 아포칼립스를 배경으로 하고 있다. 현재 사회의 문제를 다루려는 의도에서 특정 문제를 종말과 연결시켜 극대화하면서 그 결과로 생겨난 포스트 아포칼립스 사회를 증거로 내놓는다. 즉, 종말이라는 단절이 있음에도 그 단절 양측의 사회는 무언가 연관성이 있다. 그리고 미래의 낯선 사회에서 그 연관성을 찾는 과정 중에 SF적 인지적 낯섦이 작동한다.

결국 현재의 과학지식을 무시할 수 있는 세상을 만들 수는 있지만, 사회적·정치적·역사적 지식을 무시할 수는 없는 것이다. 그런데 우주에서는 그런 제약을 뛰어넘을 수 있다. 지구와 다른 곳을 상상하면 되기 때문이다. 하지만 지구와 엄청 차이 나는 아주 색다른 행성은 많지 않다. 그곳에 사는 외계인들의 외양과 그들의 문명도 다르게 보일 수 있지만, 정작 행성 자체는 지구와 별반 차이가 없다.

스페이스 오페라가 외계 행성에 새로움을 부여하기 위

해 특별히 고민한 것 같지는 않다. 〈스타워즈〉에도 외계 행성이 많이 나오지만 각각의 행성들에 엄청난 특성을 부여해 차이를 만들지는 않았다. 만약 앞으로 이런 작품들이 계속 창작된다면 외계 행성을 얼마나 다르고 특색 있게 창조해낼 것인지를 고민할 필요가 있다. 〈아바타〉 속 행성도 색다른 생명체와 광물 그리고 문명이 있기는 하지만, 여전히 산과 바다 그리고 나무가 있는 곳이다.

예외가 있다면 스타니스와프 렘Stanisław Lem의 『솔라리스』를 들 수 있다. 이 작품에서 '솔라리스'라는 행성은 생각하는 바다를 갖고 있어서 그 자체가 하나의 생명체다.

솔라리스의 '생각하는 바다'가 거대한 두뇌로, 엄청나게 발달했고 우리의 문명보다 수백만 년을 앞선 일종의 '우주적 요가 수행자', 현자, 전지함의 상징, 모든 행동의 덧없음을 이해했기에 끊이지 않는 침묵으로 들어간 존재라는 개념이 널리 퍼졌다.
_『솔라리스』중에서[11]

마치 살아 있는 존재처럼 행성 자체의 의식이 '인물의

수준'까지 올라가 있다. 내용이 매우 철학적이기에 읽는 재미가 탁월하지는 않지만, 행성을 보는 우리의 시각을 바꿀 수 있는 작품이다. 물론 이런 예는 드물다. 어쩌면 외계 행성이 갖고 있는 가능성은 아직 개발 중인지도 모르겠다. 바로 여기에 스페이스 오페라의 미래가 걸려 있을 듯하다.

이처럼 우주선이나 외계인이 아니라 우주 공간 자체에 대한 고민은 좀 더 필요해 보인다. 하지만 우주 공간은 다른 공간의 등장으로 관심 밖으로 밀려나버린다. 이 공간에서는 판타지처럼 모든 것이 가능하면서도 동시에 판타지가 아니라 SF의 정체성을 지킬 수 있다. 바로 '사이버스페이스Cyberspace'다.

사이버스페이스로 인한 정체성의 혼란

〈매트릭스〉를 통해 널리 알려진 사이버스페이스의 가능성과 현란함은 SF에 획기적인 자원이 되었다. 지금은 사이버스페이스라는 말이 널리 쓰이면서 일상어가 되었지만, 사실 이는 문학 작품에서 만든 용어다.

윌리엄 깁슨William Gibson은 단편소설 「버닝 크롬Burning Chrome」(1982년)에서 처음으로 사이버스페이스라는 말을 사

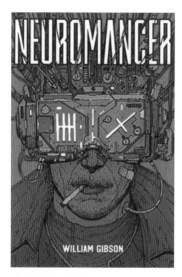

현실과 가상공간이 대등하게 영향을 주고받는 것을 형상화한 윌리엄 깁슨의 『뉴로맨서』

용했다. 이후 깁슨은 기념비적인 소설 『뉴로맨서』(1984년)를 출간한다. 소위 '사이버 펑크'라는 장르의 포문을 연 이 소설은 현실 세계와 사이버스페이스라는 두 개의 공간을 교차시키면서 현란한 서사와 상황을 만들어 새로운 주제들을 도출했다.

"항구 위 하늘은 죽은 채널에 맞춰진 텔레비전 색이었다." 『뉴로맨서』의 첫 문장이다. 개인적으로 SF 소설의 역사상 가장 의미 있는 구절 중 하나로 꼽고 싶다. 하늘을 '텔레비전 화면'과 병치시킨 것은 텔레비전 화면처럼 보인다는 비유가 아니라, 하늘과 화면이 다르지 않다는 의미다. 즉 현실과 가상공간의 관계가 동등하다는 것이다. 가상공간이 현실을 모방하는 전통에서 벗어나 두 공간이 대등하게 서로 영향을 주고받거나 모방하는 시대가 열렸음을 의미한다.

다소 난해하게 들리겠지만 바로 현재의 우리가 사는 '여기'가 바로 그런 시대다. 주인공 케이스가 사이버스페이스를 현실보다 더 원하는 것도, 그래서 자신의 신체를 '고깃덩어리'로 폄하하는 태도도 지금의 사회에서 찾아볼 수 있는 경향이다.

주인공 케이스는 사이버스페이스를 돌아다니는 일종의 해커로 '카우보이'라고 불린다. 그가 벌을 받아서 더는 사이버스페이스에 접촉할 수 없는 상황에서 작품은 시작한다. 케이스가 사이버스페이스에 접촉하지 못하는 상태의 자신을 얼마나 혐오하는지 다음 인용문으로 알 수 있다.

사이버스페이스의 몸이 없는 환희를 위해 살아온 케이스에게, 그건 전락이었다. (…) 몸은 고깃덩어리였다. 케이스는 자기 자신의 육신이라는 감옥에 빠져버렸다.

_『뉴로맨서』중에서

이는 사이버스페이스 때문에 자신의 정체성과 몸에 대한 시각이 변화했음을 암시한다. 이 역시 21세기를 사는 우리에게는 너무도 익숙한 변화다.

사이버스페이스가 등장함으로써 우리는 우주로 나갈 필요가 없어졌다. 애써 우주로 나가지 않아도 그 안에서 모든 것이 가능하기 때문이다. 이런 이유로 지금 수많은 SF 작품들이 사이버스페이스를 배경으로 창작되고 있으며, 메타버스를 다루는 소설이나 영화도 많이 등장하는 추세다.

그런데 사이버스페이스를 굳이 다른 공간에 대한 이야기로 해석할 필요가 있는지 의문이 생긴다. 왜냐하면 사이버스페이스는 정말로 다른 공간을 탐색하는 게 아니기 때문이다. 어쩌면 사이버스페이스가 등장함으로써 스페이스 오페라의 성장이 주춤하며 멈춘 게 아닌가 하는 생각도 든다.

사이버스페이스와 우주의 공존, SF는 우주를 품고 자란다

SF의 역사를 따져보면 사이버스페이스의 등장은 역설적인 면이 있다. 지구에서 우주 공간으로 나아가는 것으로 시작해 그러한 가능성에서 나오는 흥미를 적극적으로 활용해 인기를 얻어 성장한 장르가 이제는 방향을 거꾸로 튼 것 같기 때문이다.

하지만 사이버스페이스가 있으니 '더 이상 지구 밖으로 나갈 필요가 없다'는 생각, '이제는 가상공간에서 모든 것이 가능하다'는 생각은 위험하다. 현실에서도 마찬가지다. 왜냐하면 그 가상공간을 새롭고 흥미롭게 만드는 상상력은 그 공간에서 나오는 것이 아니기 때문이다. 창조적인 상상력을 보여주는 데 지금 우리가 사는 공간만으로는 분명 한계가 있다.

사이버스페이스가 더 다채로워지고, 더 흥미로워지며, 더 새로워지려면 지구를 넘어 우주로의 여행을 더 많이 해야만 한다. 그리고 그 여행으로 얻을 수 있는 무언가를 사이버스페이스로 재탄생시키는 과정이 필요하다. 『뉴로맨서』의 마지막에 새로이 우주로 떠나는 장면이 나오는 것도 그런 이유에서일 것이다. 그리고 사이버스페이스와 스페이스 오페라를 한데 엮은 『엔더의 게임』이 폭발적인 인기를 누린 이유도 마찬가지일 것이다. SF는 그렇게 우주를 품고 자라는 장르다.

Q 묻고

A 답하기

'스페이스 오페라'에서 '오페라' 같은
고급 장르와 합친 명칭을 쓰게 된 이유
는 무엇인가?

'오페라'라는 말을 쓴 이유는 '소프 오페라'라는
용어가 이미 통용되었기 때문이다. 당시 라디오
에서는 중간에 비누 광고를 넣은 멜로 드라마가
많이 방송되었는데 이를 소프 오페라라고 지칭했
다. 이후 오페라라는 말을 쓰게 되었다.

'다른 문학 작품과 다르게 SF 작품을 볼
때 특히 눈여겨보면 좋을 재미 요소나
포인트가 있을까?'

SF 작품이 가진 특징은 일반적인 문학 작품과는
다르다. 문학 작품은 주로 인물의 성격과 인물이
처한 상황, 사건 등이 맞물려 하나의 주제를 반영
한다. 그리고 주제를 풀어나가는 집중도나 밀도
가 작품성을 가늠하는 척도가 된다. 또한 글쓰기
방식도 주제의 특징이나 혹은 작가 나름의 독창성
을 드러내는 요소이기에 매우 중요하다.

물론 SF에서도 이런 요소들이 중요하지만, 전
통 문학 작품에서만큼은 아니다. 종종 인물이 전
형적으로 그려지거나 집중력이 떨어지는 서사가
나오기도 하고 글쓰기가 매우 평범한 경우도 많
다. 이런 점들은 전통 문학 작품에 비해 상대적으
로 SF의 작품성이 떨어진다고 평가받는 이유가 되
기도 한다.

하지만 SF에는 다양한 장치가 많이 나온다. 노

붐에 해당하는 장치뿐 아니라 우주선과 같은 장치의 변화도 재미를 유발한다는 점에서 주목할 만한 요소다. 작가들이 왜 이런 장치를 작품에 넣었는지 혹여 어떤 상징성을 품고 있는 것은 아닌지 생각하면서 읽는다면, 전통 문학 작품과 다른 기준으로 SF의 작품성을 생각해볼 수 있을 것이다.

3부_____

우리에게는

SF적 상상력
필요하다   이

_왜 읽고
쓰는가?

SF 장르는 누가 쓰고, 누가 읽을까? 유럽에서 미국으로 옮겨간 SF는 잡지에 연재되며 황금시대를 맞는다. 독자와 작가가 모두 성장하는 시기로, 유명한 작가들이 이때 대거 등장한다. 그러나 제2차 세계대전을 기점으로 황금시대는 쇠락하고 SF의 주 매체가 잡지에서 책으로 전환되며 저자와 독자 모두에게서 변화가 시작된다. 이 시기를 기점으로 SF 작가들은 심오한 철학과 신랄한 비판을 이야기에 담아내려 하고, 대중적 장르에서 좀 더 심각한 장르로 변모한다. 작품이 복잡해지고 주제의식이 강해지며 문해력을 요구하자 독자층에도 변화가 나타난다.

SF를 읽고 쓰는 사람들

SF, 사회비평 장르로 자리 잡다

"왜 읽고 쓰는가?"

이는 지극히 평범한 질문처럼 들릴 수도 있다. 하지만 답은 단순하지 않다. 문학으로만 범위를 좁혀 이 질문을 던져도 우리는 너무도 다양한 답, 때로는 매우 다른 답을 얻을 수 있다. 왜냐하면 사람마다 그 이유가 제각기 다르기 때문이다. 그저 재미로 쓰는 사람, 돈과 명예를 얻기 위해 쓰는 사람, 변화를 원해서 쓰는 사람, 예술적 이상을 실현하기 위해서 쓰는 사람….

쓰는 이유만큼이나 읽는 이유도 다양하다. 재미로 읽는 사람, 자랑삼아 읽는 사람, 고민의 해답을 찾기 위해 읽는 사람, 자신을 바꾸기 위해 읽는 사람, 문학적인 연구를 위해 읽는 사람…. 독자 수만큼이나 문학을 읽는 이유도 무궁무진하며 다양하다.

SF도 별반 다르지 않다. 무엇보다 대중과의 밀착된 관계에서 발전한 장르이기에 더 그렇다. 하지만 다른 문학 장르보다 늦게 시작해 역사가 짧은 탓에 그런 다양성을 갖게 된 과정은 조금 다르다. 또한 SF가 대중적 장르로 시작했다는 사실, 그리고 어느 정도 자리가 잡힐 무렵 TV나 영화 등의 시청각 매체, 이후에는 비디오 게임 같은 매체가 대세를 이루는 상황을 고려한다면 "왜 읽고 쓰는가?"는 "굳이 왜 SF를 쓰고 읽는가?"라는 질문이기도 하다. 그래서 SF라는 문학 장르에서 이 질문은 장르의 생존에 대해 묻는 것이기도 하다.

논리와 선형성이 중요한 외삽

앞서 SF의 문학적 특징을 이야기하면서 인지적 낯섦과 노붐, 현실 도피에 대해 살펴보았다. 이제는 '외삽Extrapolation'에 대해 알아볼 차례다. 우리말로는 그 뜻이 얼른 다가오지 않는 용어인데, 비평가 칼 맘그렌Carl Malmgren은 외삽을 "현재의 실재를 논리적 투사projection나 확장을 통해 허구적 노붐으로 만드는 것이다."라고 설명했다.

노붐이란 말이 들어가기는 하지만 외삽에서는 노붐의 새로움이나 창조성보다는 '논리적이고 선형적인 과정'이 중요하다. 즉 '현재 어떤 상황이 벌어졌는데 과연 그것을 더 이어가면 어떻게 될까?'라고 생각해보는 것이다. 현재의 어떤 문제나 상황을 논리적으로 좀 더 발전시키는 것이다. 이를 통해 미래나 다른 세계에서 또 다른 방식으로 생각해보고 현재에는 잘 드러나지 않는 문제점이나 그것의 의의 등을 SF가 전달한다.

따라서 외삽이 주가 된 SF 작품은 아주 낯설게 보이지는 않는다. 그 어떤 사회라도 오늘날의 사회와 연관성이 있어 보이고, 그 어떤 문제라도 오늘날의 문제가 좀 더 심화된 것처럼 보이기 때문이다. 하지만 외삽이 중요한 이유는 유사성을 담보하는 데 있지 않다. 즉, 단순히 인지적 낯섦에 부합하기 위해서도 아니고 이야기를 쉽게 이끌어가기 위해서도 아니다.

외삽은 현재에 큰 문제가 아니더라도 논리적으로 그 문제를 확장함으로써 숨은 위험을 끌어내 보여준다. 다시 말해 외삽은 SF가 현실 세계의 문제점을 본격적으로 다루는 문학 장르가 되면서 사회비평에 적합한 장르임을 확인하는 용어다.

외삽, SF의 성장에 핵심적 역할을 하다

이로써 SF는 학자들이 연구하는 장르가 되었다. 그리고 우리 사회를 되돌아보는 어떤 계기를 마련해주기도 했다. 외삽이 SF의 성장에서 중요한 용어로 자리를 잡으면서 최초로 SF만을 다루는 학술지가 나오기도 했다. 1959년 창간된 이 학술지의 이름이 《외삽》인 것은 그리 놀랄 일이 아니다.

학술지를 창간한 토머스 클래어슨Thomas Clareson은 그 이전해인 1958년에 미국현대어문학회MLA에서 최초로 SF에 대한 세션을 조직하기도 했다. SF에 대한 학문적 연구의 시작을 알린 것이다. 아이러니하지만 다른 방향으로 SF의 중요성을 알리려고 했던 수빈은 외삽이 현재의 상태가 다른 형태로 유지되는 것을 상정하기에 노붐에 맞지 않다고 비판하기도 했다.

외삽은 적어도 20세기 중반 SF 비평에 있어서는 가장 중요한 용어가 되었다고 볼 수 있다. 그 이전에는 스페이스 오페라에 속하는 현실 도피적인 작품들이 많이 나왔다. 하지만 H. G. 웰스의 작품을 최초의 SF 작품으로 본다면, 외삽이 SF의 시작부터 있었던 목표임을 알 수 있다.

SF 작품을 읽는 독자와 쓰는 작가에게도 마찬가지다. 어쩌면 외삽은 SF의 시작점부터 중요했는지도 모른다. 앞서 말했듯 나는 SF의 시작점을 19세기 말, 정확히는 웰스가 '과학적 로맨스Scientific Romance'라고 스스로 지칭했던 작품을 쓰기 시작한 때로 보고 있다. 웰스가 『타임머신』이라는 작품으로 등단하자, 놀랍게도 당시 가장 예술적인 작가 중 한 명으로 인정받던 헨리 제임스Henry James는 그의 작품을 극찬했다. 제임스는 국내 문학 애호가들 사이에서 『여인의 초상』(1881년), 『비둘기의 날개』(1902년) 등으로 잘 알려져 있으며, 사실주의에서 모더니즘으로 넘어가는 시기를 대표하는 작가다.

헨리 제임스와 허버트 조지 웰스의 논쟁

"당신은 당신 세대에서 가장 흥미로운 문학을 하는 사람입니다. 사실 유일하게 흥미로운 사람입니다."

이는 웰스를 향해 헨리 제임스가 보낸 칭송이다. 당시

문학의 대가였던 제임스가 예술성 높은 작품이 아닌, 지금도 장르문학이라고 종종 무시받는 SF 작품의 작가 웰스를 칭송했다는 것은 매우 충격적인 일이었다. 물론 이런 칭송이 계속되지는 않았다. 이후 웰스는 다른 작품을 발표하면서 문학성보다는 메시지를 전달하려는 노력을 더 많이 했다. 그러자 제임스는 곧 웰스 작품에서 예술성이 보이지 않는다고 비판하며 안타까움을 표했다. 그리고 이에 대해 웰스는 다음과 같이 반박했다.

선생님에게 문학은 그림처럼 목적이고, 제게 문학은 건축처럼 수단입니다. 문학은 쓰임새가 있습니다. (…) 저는 저널리스트입니다. 저는 예술가 역을 맡는 걸 거부합니다.
_허버트 조지 웰스[12]

'SF의 아버지'라고 할 수 있는 웰스는 스스로를 작가가 아닌 저널리스트라고 규정지었다. 그는 자신의 작품을 '수단'이라고 했는데 대체 무엇을 위한 수단이었을까? 웰스의 생애를 돌아보면 사회 변화를 도모하기 위한 정치적 수단일 가능성이 높아 보인다.

당시의 작가이자 비평가인 길버트 체스터턴Gilbert Chesterton
은 "웰스는 타고난 이야기꾼이지만, 정치적 메시지를 위해
타고난 재능을 판 사람이다."라고 평하기까지 했다. 실제
로 웰스는 SF를 점차 멀리하고 사회성이 짙은 소설과 수필
을 써나갔다. 무엇보다 그의 정치적인 입장은 논란의 여지
가 많다. 소극적 우생학, 즉 능력이 떨어지는 사람들의 출
산을 억제하는 방법을 옹호하기도 했고, 파시즘에 동조하
기도 했다. 그래서 학자들은 두 명의 웰스가 있다면서 'SF
작가로서의 웰스'만 연구하기도 한다.

아이러니하게도 웰스가 정치적 영향력을 높이고 싶었
을 때, 그가 SF 작가였다는 점은 걸림돌이 되었다. 실제로
웰스가 SF를 쓴 걸 후회했다는 말도 있다. 어쨌든 그는 당
시 사회의 문제점을 파악하고 이를 논리적으로 확장해 폐
해를 드러내면서 그 나름의 대안을 제시하고자 했다. 외삽
이 바로 그가 SF를 쓴 이유다.

SF를 최초로 시작한 사람으로서 웰스가 전통적인 문학
과는 달리 SF를 어떤 메시지를 전달하는 장르라고 규정했
다는 점은 의미가 있다. 하지만 웰스 본인도 간접적으로 인
정했듯이 SF에 대한 인식은 이미 외삽보다는 현실 도피를

추구하는 장르로 자리를 잡았다.

사실 제1차 세계대전을 겪으며 유럽, 특히 영국에서 SF를 지탱할 힘이 미약해졌다. 문학 작품이 사회 문제를 다루는 대신 신문 등 언론매체가 이를 더 우선적으로 다루었다. 게다가 유럽은 과학기술과 미래에 대해 비관적인 태도가 지배적이었다. 여러모로 SF가 유럽, 특히 영국에서 성장하기는 힘든 상황이었다.

그 대신 SF는 대서양 건너 미국에서 급성장했다. 남북전쟁 이후, 처음에는 철도로 이후에는 도로로 미국은 서부 확장을 완성했다. 이렇게 확장된 영토에 비해 노동력이 부족했던 미국에서 과학기술의 발전은 필수적이었다. 그리고 미국에서 과학기술은 미래에 대한 긍정적인 기운을 불러일으켰다.

당시 미국은 폭발적인 성장을 했지만 문제는 미국의 인구가 그렇게 충분하지 않다는 점이었다. 따라서 노동력 확보를 위해 이민자를 많이 받아들여 충당했다. 하지만 다른 한편으로는 과학기술을 발전시켜서 노동력을 대체하려는 노력 역시 많이 기울였다. 공공교육이 아직 활성화되지 않았던 터라 다른 방식으로 과학기술에 대한 관심을 고취시켜야 했다. 그리고 SF가 이에 상당한 기여를 할 기회가 생겼다. 유럽보다는 미국이 SF의 발전에 아주 적합한 토양이 된 것이다.

팬덤과 함께
황금시대를 열다

잡지에 실린 SF, 어린아이들을 사로잡다

'테크노사이언스technoscience'는 20세기 초 미국에서 만들어진 용어다. 당시 미국은 과학기술에 대한 대중의 관심이 높았을 뿐만 아니라 그러한 관심을 지속적으로 생산하고 유지하는 것이 필요했다. 특히 공공교육 시설이 제대로 되어 있지 않은 상황에서 어린 세대가 과학에 관심을 갖도록 유도하는 일이 무엇보다 중요했다.

어린 세대는 대부분 현실 도피적인 이야기, 공상으로 가득한 이야기를 좋아한다. 당시는 영상매체가 없었기 때문에 문학 장르가 그 역할을 대신했다. 어린이와 청소년들은 길고 어려운 빅토리아 소설이나 시, 희곡이 아닌 짧은 시간에 쉽게 읽을 수 있는 흥미로운 이야기를 선호했다. 이처럼 어린 세대가 흥미를 갖는 이야기면서 동시에 과학기술에 대한 관심을 높일 수 있는 장르는 단연 SF였다.

그리고 이러한 상황에 부합하는 아주 완벽한 매체가 등장한다. 바로 '잡지'다. 지금도 그렇지만 잡지에는 많은 광고와 다양한 소식을 실을 수 있다. 새로운 발명품을 알리고 공지를 하는 데 효과적인 수단이었고, 짧은 SF 이야기를 연재함으로써 사람들이 주기적으로 찾아보게 만들었다. 더구나 잡지는 펄프라는 값싼 종이로 만들었고, 광고 수입 덕분에 재정적 부담이 없었기에 아주 싸게 배급할 수 있었다. 무엇보다 어린아이들에게는 완벽한 재밋거리였다.

이른바 잡지시대 혹은 '펄프시대'라고 불리는 이 시기는 1920년 후반에 시작해서 이후 1930년대에 소위 'SF의 황금시대'로 이어지다가 제2차 세계대전을 기점으로 끝난다.

휴고 건즈백에 의해 시작된 SF 잡지의 시대

주목할 점은 잡지라는 매체 특성상 특정 작가가 두드러지기보다는 다양한 작가들을 발굴하고, 그들의 작품을 잡지의 성격에 맞게 조율하는 편집자의 역할이 더 중요했다는 것이다. 즉 SF가 흥행한 펄프시대와 황금시대의 진정한 주인공은 잡지 편집자였다. 이 중에서 가장 유명한 사람은 휴고 건즈백Hugo Gernsback이었다. 그는 룩셈부르크 출신의 작가이자 편집자다. 그의 이름을 따서 1953년에 시작된 '휴고상'은 지금도 SF 분야에서 가장 권위 있는 상으로 인정받는다.

물론 그 이전에도 SF를 포함한 잡지는 존재했다. 하지만 SF 장르만 다룬 것은 아니었다. 또한 건즈백은 SF라는 장르의 이름을 처음으로 쓴 사람이다. 그도 1916년에는 '과학적 소설Scientifiction'이라고 명명했지만 1929년부터는 'Science Fiction' 즉 SF로 장르의 명칭을 바꾸었다.

룩셈부르크에서 태어나 1904년에 미국으로 이민을 온 건즈백은 전기제품 특히 라디오를 소개하는 일을 했다. 그는 스물네 살이었던 1908년, 아마추어 라디오 실험가들을 위한 과학 잡지 《모던 일렉트릭스Modern Electrics》를 창간한다. 1913년에는 《사이언스 앤드 인벤션Science and Invention》으로 이름을 개명한 잡지인 《더 일렉트리컬 엑스페리멘터The Electrical Experimenter》를 출간하기도 했다.

직업이나 잡지에서 알 수 있듯이 그는 과학기술에 대한 관심이 높았고 신념이 강했다. 그러한 관심과 신념은 SF 잡지를 창간해 발행하면서도 계속 이어졌다.

1926년, 건즈백은 드디어 미국 역사상 첫 SF 잡지인《어메이징 스토리즈》를 만들었다. 창간호에는 쥘 베른, 허버트 조지 웰스, 에드거 앨런 포Edgar Allan Poe 등의 작가가 쓴 이야기가 실렸다. 그리고 이 잡지를 통해 'SF 소설'이라는 단어가 널리 알려지게 되었다. 잡지 편집자로서 건즈백의 원칙은 '다른 방식으로는 얻을 수 없는 지식을 제공하는 것과 그러한 지식을 매우 구미가 당기는 형식으로 제공하는 것'이었다.

물론 그 지식은 과학기술에 대한 지식이었고, 구미가 당기는 형식이란 현실 도피적인 모험 이야기를 의미한다. 브라이언 애테베리가 말했듯이 건즈백에게 SF는 '무엇보다도 가르치는 도구였지만, 가르친다는 걸 드러내지 않는 도구'여야 했다. 당연히 잡지에는 이야기뿐만 아니라 새로운 과학기술이나 제품에 관한 기사가 실렸기 때문에 '과학 저널리즘'의 역할도 수행했다. 웰스와 목적은 다르지만 적어도 SF를 수단으로 쓰는 데는 동의했다고 할 수 있다.

건즈백은 1929년 대공황으로 파산한 후에《사이언스 원더 스토리즈Science Wonder Stories》라는 잡지를 다시 창간하면

세계 최초의 SF 소설 전문 잡지《어메이징 스토리즈》

서 "예지적 소설은 과학적 사실의 어머니다."라는 모토를 내세우기도 했다. 비록 1933년 이후로는 주도권이 사라졌지만 SF의 역사에서 그의 영향력은 의심할 여지가 없다.

휴고 건즈백이 SF의 성장에 큰 역할을 한 것은 자명하다. 하지만 그의 편집 방향에 맞는 작품들만《어메이징 스토리즈Amazing Stories》에 실리면서 건즈백의 지도 아래 나오는 이야기는 '정형적이면서도 평범'했다. 이야기를 전달하기보다는 과학기술에 대한 지식을 전파한다는 목적을 중시했기 때문이었다.

이에 대해 한 비평가는 이런 푸념을 했다. "이런 종류의 잡지를 읽는 것은 특정한 것만 다루는 케이블 채널을 밤새 보는 경험과 유사하다. 그 무엇도 특별하지 않고, 그 무엇도 특별하지 않아야 한다. 마치 시트콤에서처럼 하나의 이야기에 등장하는 인물들은 다른 이야기에 게스트 스타로 등장한다."

심지어 오늘날 SF의 명작 중 명작으로 알려진 올더스 헉슬리Aldous Huxley의 『멋진 신세계』(1932년)가 등장했을 때《어메이징 스토리즈》는 이런 평가를 내놓았다. "독자의 기대를 충족하지 못했고 과학적 지식도 없는 '완전한 실패작'이다." 현재 헉슬리 작품에 대한 세간의 평가를 생각해보면 정말 놀랍도록 편향적인 시각임을 알 수 있다.

팬덤의 형성으로 SF의 황금기가 시작되다

수많은 논란에도 불구하고《어메이징 스토리즈》를 읽고 자란 독자들이 많아지면서 SF 작가들이 늘어난 것은 분명한 사실이다. 그 과정에서 독자들이 사적으로 서신을 교환

왼쪽은 SF 팬덤을 상징하는 'SF 리그'의 마크, 오른쪽은 'The World Science Fiction Convention'의 80주년을 기념해 시카고에서 열린 'CHICON 8'의 마크

하고 실제로 만나면서 일종의 팬클럽이 생기기 시작했다. 1934년에는 'SF 리그Science Fiction League'라는 모임이 생긴다. 이는 현재 엄청난 영향력을 행사하고 있는 '코믹콘'의 전신이라고 할 수 있다.

팬들이 서로 교신하면서 건즈백이 주도하던 SF 작품관에 의문을 제기하고 새로운 방향을 요구하기 시작한다. 작가들은 이들의 요구를 받아들여서 작품의 방향을 바꾸었다. 그리고 여기에서 영감을 얻어 새로운 잡지인《어스타운딩 스토리즈Astounding Stories》가 등장한다. 1930년에 시작한 잡지이지만 본격적으로 그 명성을 얻은 것은 존 캠벨John W. Campbell이 편집장을 맡기 시작한 1937년부터다.

SF의 황금시대를 연 잡지《어스타운딩 스토리즈》

　캠벨은 건즈백과 달리 일종의 '사고 실험'을 하는 이야기, 즉 무언가를 가르치기보다는 상상력과 생각의 폭을 넓히는 작품을 선호했다. 동시에 물리적인 문제뿐만 아니라 정신과 사회에 대한 문제까지 다루는 작품들을 연재하기 시작했다. 그 과정에서 과학기술의 새로움과 편의를 강조하고 이에 대한 지식을 전파하는 작품보다는 그것이 인간 정신과 사회에 미치는 영향에 대해 고민하는 이야기들이 나오기 시작했다.

　캠벨은 '사고 변형Thought Variant'이라는 말을 사용하면서 이 새로운 변화를 설명했다. 사고 변형은 과학이나 철학에서 행하는 사고 실험과 유사하게 현실의 특정한 면을 상상력을 통해 변화시키고, 그 결과 일어날 수 있는 상황을 논리적으로 사고하는 것이다. 어쩌면 웰스가 시도했던 외삽의 측면이 다시 고려되기 시작했다고 할 수 있다. 캠벨에 의해 주도된 이 새로운 흐름은 SF의 수준을 한층 높이면서 결국 SF의 황금시대를 열었다.

그 이전 시대만 해도 10대 청소년들이 주요 독자였다면 이제는 그들이 성인이 되어 스스로 작가가 되는 등 독자와 작가가 모두 성장하는 시기가 된 것이다. 이 흐름과 맞물려 아이작 아시모프나 로버트 하인라인처럼 잡지시대를 넘어서 SF 전반에 영향력을 미친 작가들이 등장한다.

더 복잡하게, 더 강렬하게

아시모프가 SF에 미친 영향

SF의 황금시대를 대표하는 작가는 아이작 아시모프다. 아시모프는 로봇과 인간의 공존에 관한 소설인 『로봇』 시리즈를 쓴 작가로 '로봇학robotics'이라는 말을 처음 고안한 사람이기도 하다. 소설을 위해 만든 용어가 실제 학문 분야를 지칭하는 말로 자리를 잡은 것이다. 나아가 아시모프는 '로봇 윤리의 3원칙'을 만들어 로봇과 인간이 서로에 대한 두려움(인간이 주로 두려워하지만) 없이 공생할 수 있는 조건을 세웠다.

사실 SF 작가와 독자들 사이에서는 『파운데이션』 시리즈가 더 높은 평가를 받곤 한다. 이전의 스페이스 오페라

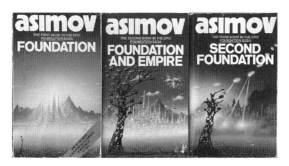

SF의 황금기를 대표하는 작가 아이작 아시모프의 『파운데이션』 시리즈

류의 천편일률적인 모험 이야기가 대부분이었던 장르를 한층 더 높은 수준으로 끌어올린 작품이기 때문이다. 『파운데이션』은 반복적인 서사구조, 즉 시간의 흐름이 마치 정체된 듯한 SF의 상태에 역사성을 불어넣었다. 이로써 SF를 에픽(epic, 서사시)으로 탈바꿈시켰다는 점에서 특히 중요하다.

최초 연재 후 3부작으로 나왔지만 그 이후에도 계속 시리즈가 이어져 오기도 했다. 스페이스 오페라의 구조를 지니고 있지만 에픽적인 서사를 가진 〈스타워즈〉가 아시모프의 3부작에서 큰 영감을 받았으리라 짐작할 수 있다(비록 조지 루커스가 이를 인정하지 않고 팬들 사이에서는 지금도 논쟁이 있기는 하다. 하지만 객관적으로 볼 때 영향을 받지 않았다고 하기는 힘들다).

아시모프의『파운데이션』시리즈에서는 역사의 흐름과 변화가 중요하다. 기본적으로 우주 제국의 역사를 다루는 작품인데, 이를 위해 그는 '심리역사학Psychohistory'이라는 용어를 만들어내기도 했다. 제국의 흥망성쇠를 단지 역사적으로만 따라가는 게 아니라 '도대체 어떤 방식으로 어떤 흐름으로 이어질까'를 고민했다. 이는 역사성에 대한 고민이기도 하다. 개인의 심리는 예측하기 어렵지만, 집단의 심리는 예측이 가능하다. 즉 한 집단이 나중에 어떤 일을 벌일지를 예측할 수 있다는 전제하에 심리역사학이라는 용어가 탄생한 것이다.

해리 셀던이라는 인물은 1만 2000년 동안 우주 제국이 엄청나게 확장하는 과정을 심리 역사학을 통해 예측한다. 그리고 제국의 멸망과 재건 사이의 간극을 줄이기 위해 이른바 '셀던 계획'을 세운다. 비평가 도널드 윌하임Donald Wollheim은 아시모프가『파운데이션』시리즈를 통해 '미래의 우주생성론'을 만들었다고까지 말했다. 어떻게 보면 이전에 없었던 SF의 역사성을 도입한 작품으로, 이는 명실상부

한 에픽이다.

그런 면에서 〈스타워즈〉와 비슷한 서사를 가졌다고 볼 수 있다. 그래서 수많은 이들이 조지 루커스가 『파운데이션』에서 영감을 받았다고 추측하는 것이다. 어쨌든 황금시대에 SF는 놀라운 성장을 이루어냈다. 이전의 스페이스 오페라의 정형적인 플롯을 넘어선 이야기들이 많이 등장했으며 문학적 수준이 높은 작품들이 등장해 대중의 사랑을 받았다.

SF 잡지가 아닌 책의 시대가 열리다

SF의 잡지시대는 제2차 세계대전을 기점으로 쇠락한다. 여기에는 몇 가지 이유가 있다. 첫째, 당시 전쟁 때문에 종이가 부족해졌고 싸게 많은 부수를 찍어내는 펄프 잡지를 유지하기가 힘들어졌다. 미국은 전쟁 시기를 맞아 전쟁 홍보문이나 공지문을 종이로 인쇄해서 만들어야 했다. 또한 총알 같은 것도 종이로 싸서 운반했던 탓에 여기저기 종이가 사용될 일이 많았다. 당시의 포스터를 보면 "종이 낭비를 공격하자Attack Waste Paper."라는 구호가 담겨 있을 정도로 펄프가 귀해졌다.

둘째, 전쟁 이후 컬러 TV가 상용화되면서 잡지 구매가 줄어든다. 잡지보다 더 효과적인 광고매체가 등장했기 때문이다. 자연스럽게 잡지를 이용하는 이들이 줄어들고 잡지사들은 경제적으로 큰 타격을 입는다.

셋째, 과학기술에 대한 긍정적 태도가 전쟁 때문에 급변한다. 제2차 세계대전을 종결시킨 핵폭탄의 함의는 실제 폭발력보다 훨씬 강하고 지속적이었다. 급기야 인류의 종말을 가져올 수 있는 무기가 개발된 것이다. 사람들은 더 이상 "그런 무기가 가능하냐?"는 질문을 하지 않았다. 대신 "왜, 언제 쓸 것인가?" 혹은 "그 이후는 어떻게 될 것인가?"라는 질문을 던지기 시작했다.

이와 동시에 핵폭탄이 사용된 제2차 세계대전 이후 현대 과학기술과 미국에 대한 비판이 거세졌다. 이는 SF의 잡지시대를 연 원동력인 과학기술에 긍정적인 에너지가 모이지 않는 원인이 되었다. 왜냐하면 사회 전반에 걸쳐 과학기술에 대한 비판적인 생각이 더 확대되었고, SF는 이러한 대중의 관심을 반영하지 않을 수 없었기 때문이다. 그러기 위해서는 좀 더 복잡하고 좀 더 긴 서사가 필요했다. 이런 이유로 SF의 주 매체는 잡지에서 책으로 전환된다.

넷째, 황금시대 이후 급속도로 성장한 작가와 독자층이 잡지시대를 쇠락시킨 마지막 원인이다. 잡지에 나온 이야기를 읽고 자란 청소년들은 이제 성인이 되면서 잡지 형태의 글에 만족하지 못했다. 그보다 좀 더 길고 작품성 있는 SF를 요구하기 시작했다. 무엇보다 그런 요구를 뒷받침할 경제력을 지녔다.

이 모든 요인이 함께 작용하며 잡지시대는 막을 내리고 1950년대부터 책의 시대가 열린다. 책을 읽는 독자, 책을 쓰는 작가가 등장한 것이다. 물론 이전에도 SF는 종종 책으로 출간되었다. 하지만 1950년대 이후에는 작가 대부분이 책을 쓰기 시작했다. 더불어 독자들도 잡지보다 책을 훨씬 더 선호하는 시대가 되었다는 점이 특별하다. 이 흐름은 SF 전반의 발전 방향을 바꾸었다.

단편이 아니라 책을 쓴다는 것은 작가로서 고민해야 할 것이 많아졌음을 의미한다. 예를 들어 더 입체적인 인물과 더 복잡한 플롯, 더 강한 주제의식 등이 필요하다. 단편에서는 주인공을 평면적인 인물로 그려도 되지만, 장편에서 그런 인물은 덜 매력적인데다 재미도 없다. 따라서 좀 더 입체적이고 복합적인 인물을 설정해야 한다. 플롯도 마찬가지다. 호흡이 긴 소설에서 플롯이 너무 단순하면 이야기가 시시해지고 읽는 재미가 없다. 그래서 플롯은 하위 플롯 등을 통해 좀 더 복잡해져야 했다. 무엇보다도 독자들이 다른 작가의 책이 아닌 자신의 책을 선택하도록 하기 위해서는 작품의 개성이 강해야 했다.

이런 고민의 결과 과학기술 사회에 대한 비판적 태도를 취하는 작품이 늘어났고, SF는 진정한 외삽의 장르로 발전한다. 이때부터 SF는 대중적 장르에서 좀 더 심각한 주제를 담은 장르, 그리고 학술적 연구 대상으로까지 여겨지기 시작했다. 이러한 변화는 창작자인 작가뿐 아니라 수용자인 독자들에게도 일어났다.

독자들은 정기적으로 오는 잡지를 수동적으로 읽는 게 아니라, 능동적으로 직접 읽을거리를 선택하고 구매하기 시작했다. 중간에 작품을 선택해주는 편집자가 없어졌기 때문이다. 또한 책이 잡지보다 더 비싸기에 구매력도 있어야 했고, 신중하게 선택해야 하므로 사전지식도 필요했다. 작품이 더 복잡해지고 주제의식도 강해졌기 때문에 그것을 읽어낼 문해력도 그만큼 중요해졌다. 이런 이유들로 일정 수준의 교육을 받고 사회 전반에 관한 관심이 있어야 SF

를 충분히 즐길 수 있었다.

이런 과정을 통해서 SF는 전통 문학의 독자와 작가의 고민을 공유하면서 점점 더 문학적으로 인정받는다. 재미의 장르에서 외삽의 장르로, 청소년의 장르에서 성인의 장르로 변모해나간 것이다.

다채로운 SF의
새로운 시대

1950년대 사회적 불안증을 담아낸 딕의 소설들

SF는 비로소 본격적인 성숙기에 접어든다. 그리고 이 시기를 대표하는 작가는 바로 필립 K. 딕이다. SF에 그다지 관심이 없던 사람들도 그의 작품은 익숙할 것이다. 왜냐하면 작품 대부분이 영화로 만들어졌고, 그중 상당수는 대중적인 성공을 거두었기 때문이다. 제목만 들어도 "아, 그 영화!"라고 말할 수 있는 작품이 다수다. 〈마이너리티 리포트〉와 〈블레이드 러너〉를 비롯해서 〈임포스터〉 등이 그의 대표작이다.

신경쇠약증과 조현병 증세가 심했던 딕은 자신의 이러한 병증을 사회적인 수준으로 끌어올려 작품에 담아냈다.

제2차 세계대전과 이어진 냉전시대의 사회적 불안감을 '외삽'적으로 확장해서 작품을 쓴 것이다. 이 불안감의 원인은 다양한데 크게 몇 가지로 제시할 수 있다. 세계대전을 끝낸 후 핵전쟁과 과학기술에 대한 불안감, 냉전시대를 맞아 피아를 구분하기 힘든 정체성의 불안감, 감시 체제로 전환된 국가와 사회에 대한 음모 이론적 불안감 등이다.

필립 K. 딕은 1950년대부터 본격적으로 소설을 쓰기 시작했다. 당시 SF 작가들은 보다 더 강한 주제의식을 바탕으로 복잡한 플롯과 인물, 입체적이고 다양한 이야기 등을 담은 특징적인 작품들을 발표했다. 특히 딕이 작품을 쓰기 시작한 시기는 우리가 잘 알고 있는 냉전 시기다. 그래서 이 시기에 대한 사회적·역사적 연구를 할 때 필립 K. 딕의 작품들이 많이 인용되곤 한다.

냉전시대의 첫 번째 불안감은 당시 많은 작가들(물론 SF 작가들에만 해당하지 않는다)이 공유하는 핵전쟁과 과학기술에 대한 불안감이었다. 따라서 1950~1960년대의 문학 작품과 영화 대다수가 이 불안감을 모티프로 삼는다. 작가들은 핵전쟁과 과학기술에 대한 불안감 등 당시 사회에 팽배했던 문제들을 외삽으로 작품에 재현시키기 시작했다.

필립 K. 딕의 『타임 아웃 오브 조인트』와 영화 〈임포스터〉

그 대표적인 작품이 『타임 아웃 오브 조인트^{Time Out of Joint}』
(2012년)다.

　미국의 어느 시골 마을에서 평범한 일상을 사는 주인공
래이글 검은 매일 아침 일어나면 신문에 나온 "외계인들이
온다면 지구의 어디에 내릴 것인가?"라는 퀴즈를 푼다. 얼
핏 보면 재미로 하는 게임일 뿐이다. 하지만 알고 보니 그
의 삶은 정부에 의해 조작된 것이었다. 그리고 그가 하는
게임은 실제로 달에 사는 적들이 핵미사일을 쏠 곳을 미리

아는 그의 능력을 이용하려고 만든 것이었다.

그런데 정작 검 자신은 본인에게 그런 능력이 있는지 알지 못한다. 그는 달에서 온 사람인데, 지구 정부에 의해 세뇌당했기 때문에 자신에 대해 알지 못한다. 이 작품은 당시 사람들이 갖고 있던 핵전쟁에 대한 위기감뿐 아니라 통제 사회가 강화되는 것에 대한 공포를 그대로 담아낸다. 냉전 시대의 또 다른 공포는 적이 언제나 내 주변 가까이에 있다는 것이다. 구소련과 미국의 대립 관계가 당시 사회 전반에 긴장감을 주었고, 수많은 스파이가 사회 곳곳에 숨어들었다. '저 사람이 스파이인가, 아니면 우리 편인가?'를 늘 고민하게 만들었다.

딕의 소설에서는 전통 스파이 소설과는 달리 적을 외계인이나 인간과 사뭇 다른 존재로 설정했다. SF적인 설정이라 할 수 있다. 가장 유명한 작품인 『안드로이드는 전기양의 꿈을 꾸는가?』는 영화 〈블레이드 러너〉의 원작이기도 하다. 이 작품에서 딕은 인간과 구분되지 않는 안드로이드를 등장시킨다.

위험에 처한 안드로이드를 찾아 없애는 주인공 데커드는 어느 날 레이첼이란 여자를 만나 사랑에 빠진다. 하지만 이후 그녀가 안드로이드라는 사실을 알게 된다. 문제는 레이첼의 정체성을 파악한 후에도 그녀를 적으로 여기지 못하면서 '인간 대 안드로이드'라는 확고한 정체성 구분이 흔들린다는 점이다. 안드로이드라서 죽였는데, 갑자기 안드로이드임에도 죽일 수가 없게 된 것이다. 그렇다면 이제부터 도대체 무슨 기준으로 적을 구분하고 죽일 수 있을까?

하지만 정체성에 대한 불안감이 가장 잘 드러난 작품은 「임포스터Imposter」라는 단편소설이다. 상대의 정체성에 대한 의심이 팽배하던 1950년대의 시대상을 반영한 또 다른 작품으로 역시 영화화되었다. 여기서 딕이 다루고자 한 것은 냉전시대에 만연한 흑백 논리와 정체성에 대한 불안감이다. 그리고 이 불안감은 점차 적에 대한 불안감에서 자신의 정체성에 대한 불안과 의심으로 이어진다. 그리고 이러한 주제의식은 미국 사회 내에서 큰 변화를 일으켰다. 상대방의 정체성에 대한 의심이 짙어져서 그 의심을 논리적으로 전개하다 보면 결국에는 자기 자신의 정체성에 대한 의심으로 귀결되는 것이다.

이 작품의 주인공은 평범하게 잘 살다가 어느 날 갑자기 외계인 첩자로 의심받는다. 마치 데카르트의 경구처럼 그는 자신이 첩자가 아님을 알기에 그 의심에 절대로 동의하지 않는다. 이를 증명하기 위해 외계 우주선이 추락한 곳을 찾아가지만 결국 그곳에서 자신이 첩자, 즉 외계인이 보낸 폭탄임을 확인하게 된다. 그리고 자신의 정체성을 의심하는 말은 바로 그 폭탄을 폭발시키는 암호였기에, 그는 그자리에서 폭발하고 만다. 상대방의 정체성에 대한 의심이 결국 자신의 정체성에 대한 의심으로 이어져 파괴적으로 흐르는 상황을 상징적으로 그려낸 작품이다.

1970년대 다양성의 시대를 연 흑인과 여성 작가

딕은 SF가 책의 시대에 들어서면서 활발히 활동하기 시작한 수많은 작가 중 한 명이다. 이들은 잡지시대의 작가보다 더 인기가 있거나 더 뛰어나다고 평가되지만, 반드시 그렇다고 단정 지을 수는 없다. 그 평가 자체가 SF의 정전화 과정에서 나온 것이기 때문이다. 정전화하면서 그 정당성을 위해 당시 소설들이 더 뛰어나다고 평가하는 것일 수도 있다. 하지만 이 시기에 SF 작품들이 다양해진 것은 분명한 사실이다. 그 다양성을 본격적으로 느낄 수 있는 시기가 바로 1970년대다.

이른바 '식스티즈Sixties'라고 이야기하는 1960년대 미국은 엄청난 격변기를 보냈다. 베트남 전쟁에 대한 반전운동, 반공주의와 상업주의 체제에 대한 반체제운동, 젊은이들을 중심으로 이러한 운동들이 문화와 생활로 표현되는 히피운동, 케네디가의 암살로 대변되는 정치적 혼란, 그리고 흑인 인권운동, 여성운동….

엄청난 사회문화적 변화가 폭발적으로 이루어진 시대였다. 매일매일 엄청난 일들이 터져서 "그 시대의 사람들은 어떻게 살았을까?"라는 의문이 들 정도로 격동적인 사회였다. 이 시대를 거치면서 그러한 변화를 몸소 겪은 작가들이 당시의 사회상을 반영한 작품을 쓰는 것은 어쩌면 당연한 일이다.

이 모든 변화에 힘입어 사람들은 1950년대 냉전시대의 통제적인 사회에 반발하며 자신의 정체성이나 자유 등을 급속도로 요구하기 시작했다. 그래서 평등과 인권에 대한 문제를 비롯해 다양성이 중요한 화두가 되었다. 이 다양성을 사회적으로 하나씩 탐구하면서 인권을 다시 찾으려고 하는 운동들도 많아졌다. 당연히 작가들이 다룰 이슈도 넘쳐나기 시작했다.

다른 장르의 작가들이 이 문제에 현실적으로 접근했다면 SF 작가들은 외삽을 통해 다양한 방식으로 접근하고 표현했다. 너무도 다양하고 중요한 이슈를 반영하고 있기에 몇 작품만 골라서 얘기하는 것이 꺼려질 정도다. 이제부터 언급할 작품들은 당시에 등장했던 수많은 작품 중 일부이며, 이 작품들이 다루는 이슈만이 당시에 중요한 이슈는 아니었다는 점을 꼭 기억해야 한다.

먼저 SF의 다양성을 대변하는 두 작가를 살펴보도록 하자. 첫 번째로 흑인 작가 새뮤얼 딜레이니Samuel R. Delany를 살펴볼 것이고, 두 번째로 여성 작가 조애나 러스Joanna Russ를 살펴보려 한다.

두 작가의 대표적인 작품은 각각 『달그렌Dhalgren』(1974년)과 『여성 인간The Female Man』이다. 두 작품 모두 서사가 매우 복잡한 데다 읽는 재미가 그리 뛰어나지는 않다. 하지만 이 두 작가는 SF 역사상 매우 중요한 이들이다. 기존의 SF 세계에서 오랫동안 소외된 영역이었던 흑인과 여성의 본격적인 참여를 상징하기 때문이다.

미국 현대사회는 과학기술에 힘입어 급속도로 발달하며 더 편해지고 더 많은 가능성을 제공했지만, 실제로 여

기존의 SF 세계에서 소외된 영역이었던 흑인과 여성의 본격적 참여를 상징하는 두 작가의 작품. 새뮤얼 딜레이니의 『달그렌』과 조애나 러스의 『여성 인간』

성과 흑인에게는 그렇지 못했다. 여성의 삶이 일부분 편해지기는 했다. 그러나 여성 대부분은 과학기술의 수혜자였을 뿐 과학기술을 발전시키는 주체가 되지 못했다. 그 수혜라는 것 역시 남성들이 그러한 혜택을 주는 경우에만 가능했다. 즉, 남성이 여성을 지배하도록 과학기술의 발전이 또 다른 방식으로 작동한 것이다.

이 사실은 여성 과학자가 20세기 중후반까지 거의 없었다는 것으로도 확인할 수 있다. 당연하겠지만 과학기술을 소재로 하는 SF 장르에서도 여성 작가는 매우 드물었다. 이처럼 여성은 과학기술의 중심부에서 소외되었듯이 SF에서도 소외되었다. 그런데 이런 여성보다도 미국 사회에서 더 소외된 이들이 있었다. 바로 흑인들이다. 흑인 SF 작가는 여성 SF 작가보다 더 드물었는데, 이후 흑인 인권운동의 영향으로 조금씩 변화가 시작되었다.

1960년대에 흑인 인권운동이나 여성운동이 발전하면서 사람들은 자신들의 메시지를 SF를 통해서 표현하기 시작했다. 이런 흐름 속에서 흑인이나 여성 독자들도 SF를 읽을 수 있어야 한다는 고민이 함께 시작된다. 이들 중 새뮤얼 딜레이니는 『달그렌』이라는 작품으로 유명해지면서 1970년대의 대표적인 작가로 부상한다.

우리가 여전히 인종주의 사회에 살고 있기에 차별을 체계적인 방법으로 맞서는 유일한 길은 반인종주의 제도와 전통을 세우고, 반복해서 고쳐나가는 것입니다. 그 예로 백인이 아닌 독자와 작가들에게 컨벤션 참가를 적극적으로 유도하는 것을 들 수 있습니다.

_새뮤얼 딜레이니[13]

이는 새뮤얼 딜레이니가 SF 컨벤션에 초대받았을 때 한 말이다. SF 컨벤션에 수많은 작가와 독자들이 참여하지만 여전히 흑인의 참여는 적다는 점을 비판한 말이다. 흑인 작가로서 SF를 쓰는 것도 중요하지만 흑인 독자들도 점점 더 늘어나야 한다는 취지가 담겨 있다. 이러한 노력 덕분에 1970년대부터는 흑인 작가와 독자들의 참여가 점차 늘어났다.

다른 한편으로 여성인권운동이 활발해지면서 SF에서도 여성 작가들의 활동이 늘어나기 시작한다.

SF는 우리가 실제로 하고 있는 경험을 다루는 신화를 제공합니다. 우리가 내려받은 문화적 신화 대신 말이죠. 그러니까 SF는 현실을 다루는 겁니다. 후자는 우리가 가져야만 한다고 생각하는 경험을 얘기할 뿐입니다.

_조애나 러스[14]

러스의 이 말은 우리가 물려받은 문화적 신화와 전통이 백인 남성 위주의 문화라는 점을 강조하고 있다. 러스는 이제 여성의 인권도 많이 성장했고, 그와 관련된 고민도 공론

화되고 있으니 여성이 이를 문학에 반영하는 작품을 쓰고 읽어야 한다고 주장한다. 여성 작가와 여성 독자들의 성장을 촉구한 것이다. 오늘날에는 SF 장르에서 여성 작가들의 활동이 활발하다. 하지만 1970년대만 해도 여성 작가의 활동이 드물었다는 점에서 러스의 말은 변화의 시작을 알리는 것이라 볼 수 있다.

SF, 전 세계의 장르가 되다

SF에서의 일본의 약진

SF는 1960년대의 인권운동을 바탕으로 1970년대와 1980년대를 거치며 작품 세계가 보다 더 다양해졌다. 여성과 흑인 작가들이 외삽을 지향한 SF를 내놓으며 자신들의 영역을 넓히기 시작했다. 포스트모더니즘 시대를 거쳐 1990년대 그리고 21세기에도 그 확장은 멈추지 않고 진행되는 중이다.

미국 사회에서는 포스터모더니즘 시대가 등장하고 그 뒤를 이어 '다문화주의multiculturalism'라고 하는, 다양한 인종과 국가의 문화를 동시에 받아들이는 시기가 등장한다. 전통 문학과 문화계에서도 그랬듯이 아시아계나 다른 인

종·지역·문화권 작가들이 점점 더 증가했으며 이들은 SF
의 세계에 또 다른 변화를 가져왔다.

1980년대까지 미국을 중심으로 SF를 논했다면 이후로
는 다른 나라의 작가와 작품들이 관심을 받고 있다. 전 세
계의 작가와 작품으로 관심이 확대되는 중이다. 그만큼 다
양한 SF 작품이 등장하고 있다는 의미다.

아시아 국가도 일찍부터 SF에 관심을 많이 가졌다. 그
가운데 일본의 성장이 가장 두드러진다. 일본은 '망가^{Manga}'
와 애니메이션 장르를 통해 이미 SF에 큰 영향력을 행사하
고 있었다. 물론 이것이 다른 나라들에 큰 영향력을 미치지
는 못했지만 1970년~1980년대로 넘어오면서 일본 기업
의 미국 진출이 활발해지고 그와 함께 일본 문화도 미국 내
에 많이 퍼지게 된다. 1980년대 들어 미국 내에서 일본 애
니메이션의 영향력이 커지면서 우리나라에까지 그 영향력
이 미친다.

일본의 SF를 이야기하면서 가장 먼저 거론할 작품은 영
화 〈아키라〉다. 1982년에 나온 동명의 망가를 1988년에
애니메이션 영화로 만들었는데, 이는 오토모 가츠히로의
작품이다. 제3차 세계대전에 이어 위계적이면서 상업적인

동시에 혼란스러운 사회가 등장한다. 그리고 기계문명이 그 사회를 움직이는 주요 배경이 되면서 초자연적이고 신비한 힘이 등장하는 이야기다. 〈아키라〉는 그 이후에 만들어진 영화 〈고스트 인 더 쉘〉, TV 시리즈인 〈카우보이 비밥〉 등과 함께 일본의 사이버 펑크 애니메이션을 대표하는 작품이다.

최근 들어 영미권을 제외한 국가들, 특히 SF와 거리가 있다고 생각했던 남미와 중동과 아시아에서도 SF 작가들이 오랫동안 활동해왔다는 사실이 알려지기 시작했다.

이러한 사실을 보여주는 대표적 아시아 작가로 중국의 류츠신Liu Cixin을 꼽을 수 있다. 그의 작품『삼체』는 영어로 번역되어 휴고상과 네뷸러상을 동시에 수상했다. 아시아 작가의 작품이 번역되어, 처음으로 SF 장르의 가장 유명한 두 개의 상을 동시에 수상하는 쾌거를 이룬 것이다.

당시까지만 해도 사람들은 중국과 SF를 연결해서 생각하지 못했다. 하지만 이런 막연한 생각과 달리 실제로 중국에는 상당히 많은 SF 작가와 독자가 있었음을 확인할 수 있다. 이후 중국을 비롯해 대만 등 아시아권에 대한 관심이 함께 높아지고 있다.

SF 분야에서 약진하고 있는 아시아 영화들. 일본의 영화 〈아키라〉, 중국의 〈삼체〉, 한국의 영화 〈괴물〉

이외에 최근 많이 회자되는 것은 남미의 SF 작가들이다. 그 뒤를 이어 이란이나 중동 작가들도 관심을 받고 있다. 중동에는 SF 작가가 드물 것 같지만 사실 이란의 SF 전통은 굉장히 강하며, SF에 대한 관심이 점점 더 고조되는 상황이다. 이렇게 다양한 나라의 작품들이 하나씩 발굴되면서 SF의 다양성이 더욱 확대되고 있다. 무엇보다 이는 미국 내의 다양성이 아니라 전 세계적인 다양성이라 할 수 있다.

세계의 다양한 작품이 등장하는 과정에서 우리나라의 SF 독자들도 많이 늘어났다. 더불어 작가들도 늘어나는 추세다. 이런 와중에 특히 봉준호 감독의 〈괴물〉로 대표되는 우리나라 SF 영화의 발전이 많은 주목을 받고 있다.

한국의 SF, 누가 쓰고 누가 읽는가

'한국의 SF 빅뱅이 시작됐다', '본격 SF 영화 시대가 열리는 걸까?' 등은 최근 한국 문학과 영화계에 등장한 이슈다. 그렇다면 우리나라 SF 작가들은 왜 쓰고, 독자들은 왜 읽을까? 사실 국내 SF계의 변화를 보면 이런 질문을 던질 수밖에 없다. 급작스럽게 이 장르가 주목받고 인기를 끌고 있기 때문이다.

부끄럽지만 나는 서양 문학을 전공하는 사람으로서 한국 SF의 역사에 대해서는 잘 알지 못한다. 그래서 이 질문에 답할 수 있는 지식이 없다. 하지만 나름 SF를 연구해온 사람으로서 질문을 던질 자격은 있다고 생각한다. 서양, 특히 미국의 SF는 100년이 넘는 긴 역사를 통해 다양한 작가와 독자를 만들어냈다. 그리고 각각의 시대는 작가와 독자에게 그 시대에 맞는 답을 찾아가도록 유도했다. 그렇다면 우리나라는 어떨까? 지금은 SF 작가와 독자가 꽤 많아졌고 대학에서도 SF를 가르치고 연구하는 학자들이 늘어났지만, 20여 년 전만 해도 그렇지 않았다. 물론 SF 영화가 인기를 끌기도 했지만 그건 전부 수입된 작품들이었다.

지금 이렇게 상황이 바뀌었다는 것은 21세기 한국 사회가 그만큼 변화했음을 말해준다. 시대의 변화에 민감한 장르로서 SF는 그러한 변화에 탄력적이고 즉각적으로 반응하기에 그처럼 인기를 얻는 것이다. 그렇다면 그 변화는 무엇이고, 우리나라의 작가들은 그 변화로 인해 생기는 어떤 이슈들을 외삽하고 있을까? 그리고 독자들은 왜 그런 외삽에 주목할까?

솔직히 예전에 접했던 국내 SF 작품들은 대부분 실망스러웠다. 그래서 한동안 관심을 두지 않기도 했다. 그때는 단지 재미가 없다는 이유로 무작정 제쳐두었는데, 돌이켜보니 왜 재미가 없었는지 비로소 이유를 깨달았다. 당시 한국의 SF 작품들이 외국의 SF 작품과 너무나 비슷했기 때문이었다. 내용과 플롯이 비슷한 데다 외국의 작품보다 재미가 없으니 당연히 관심에서 멀어질 수밖에 없었던 것이다.

외국의 SF가 지닌 역사와 독자층에 비하면 우리나라의 SF는 기반 자체가 열악한 편이다. 그렇다고 해서 재미있고 흥미로운 작품을 쓸 수 없다는 뜻은 아니다. 한국적 상황을 반영한 SF, 즉 자의식을 강하게 반영하는 작품을 생산할 필요가 있다는 말이다. 미국적 서사와 세계관을 국적만 바꿔서 옮기는 것이 아니라 그런 세계관과는 다른, 한국만의 것을 생각해내야 한다.

이런 점에서 박민규의 『지구영웅전설』(2003년)[15]은 주목해볼 만하다. 이 작품은 전통 SF 영웅전에다 한국에서 온 우스꽝스러운 바나나맨을 삽입해 흥미로운 이야기를 펼쳐낸다. 주인공은 별다른 능력이 없지만 슈퍼 히어로들과 친구라는 강점(?)이 있는 인물이다. 그런데 이 이야기는 바나나맨을 통해 능력 없는 한국을 비꼬는 것이 아니라 능력이 많다는 미국의 영웅들을 풍자하고 있다. 슈퍼맨, 배트맨, 원더우먼, 아쿠아맨 등 미국이 창조한 지구적, 심지어는 우주적 슈퍼 히어로들의 활약상을 뒤집어봄으로써 미국 제국주의의 실체를 고발하는 작품이다.

이 작품이 대중의 사랑을 받은 데는 이렇게 묵직한 주제를 경쾌하고 유머러스하게 전개했다는 점이 큰 역할을 했다고 볼 수 있다. 특히 영웅 서사를 유지하면서도 한국만의 상황을 배경으로 소시민적으로 접근했기에 성공을 거둘 수 있었다.

최근 한국 SF의 인기를 주도하는 이들은 대체로 여성 작가들이다. 그리고 그 중심에는 김초엽 작가가 있다. 박민규의 작품이 한국적 소시민의 특성과 요소를 전통 SF에 가미

최근 한국 SF의 변화를 알리는 두 작가의 작품. 박민규의 『지구영웅전설』과 김초엽의 『우리가 빛의 속도로 갈 수 없다면』

했다면, 김초엽 작가의 『우리가 빛의 속도로 갈 수 없다면』은 감성을 도입한다.

하지만 작가의 감성은 인물을 향하는 대신 과학기술을 향한다. 물론 이런 접근법은 앞서 언급한 영미권의 여성 SF 작가들에게서도 보인다. 하지만 그들이 강한 사회비판을 염두하고 접근했다면 김초엽 작품에는 그런 면이 적은 대신 현재 사회를 넘어선 확장성을 담보한다. 즉, 영미권 작가들이 감정을 통해 외삽을 하려고 한 반면, 김초엽 작가는 사변을 주로 하는 것이다.

예전에는 헤어진다는 것이 이런 의미가 아니었어. 적어도 그때는 같은 하늘 아래 있었지. 같은 행성 위에서, 같은 대기를 공유했단 말일세. 하지만 지금은 심지어 같은 우주조차 아니야. 내 사연을 아는 사람들은 내게 수십 년 동안 찾아와 위로의 말을 건넸다네. 그래도 당신들은 같은 우주 안에 있는 것이라고. 그 사실을 위안 삼으라고. 하지만 우리가 빛의 속도로 갈 수조차 없다면, 같은 우주라는 개념이 대체 무슨 의미가 있나. 우리가 아무리 우주를 개척하고 인류의 외연을 확장하더라도, 그곳에 매번, 그렇게 남겨지는 사람들이 생겨난다면….

_『우리가 빛의 속도로 갈 수 없다면』 중에서[16]

새로운 과학기술이나 광속 운행을 두고 우리가 그것에 대해 느끼는 감정은 도대체 무엇인가? 김초엽 작가는 그런 과학기술에 대해 우리가 어떤 감정을 가져야 하는지 고민한다.

SF는 이제 전 세계의 장르가 되고 있다. 그래서 다양성이라는 말로는 포섭될 수 없는 무한히 넓은 장르로 진화했다. 그런 맥락에서 우리가 무엇을 쓰고, 무엇을 읽어야 할

지에 대한 고민, 그리고 왜 읽어야 할지에 대한 고민을 좀
더 진중하게 해야 할 때가 되었다.

1940년대, 기술보다 상상력을 내세우
는 SF가 등장한 데는 제2차 세계대전 이
후 미국의 위상 변화나 인류의 사고방
식 전환 등도 그 이유가 되었을까?

물론이다. 무엇보다도 1945년 제2차 세계대전이
끝나고 난 뒤 과학기술의 의존도에 대해 의심하게
되었다. 왜냐하면 과학기술이 인간의 삶과 문명
의 확장에 도움이 될 것이라는 믿음에 균열이 생겼
기 때문이다. 과학기술이 오히려 인류의 멸망, 나
아가 세상의 종말을 가져올 것이라는 우려가 본격

적으로 커졌다. 그래서 과학기술에 대한 맹목적인 믿음보다는 그것을 견제하고 비판하는 태도가 더 중요하게 여겨지기 시작했다.

이러한 사회 분위기 속에서 과학기술에 관한 생각이 많이 바뀌었다. 그뿐 아니라 제2차 세계대전을 겪은 후 미국 사회는 엄청난 변화를 맞는다. 전쟁을 통해 여러 가지 경험을 한 사람들이 생겨나면서 사회에 다양성이 확산하고 그만큼 복잡해졌다. 미국이라는 나라의 위상이 달라졌다기보다는 나라 자체의 성격이 바뀌는 상황이 온 것이다. 이러한 대외적 변화는 SF 작가들에게 더 많은 상상력과 비판 정신을 요구했다.

아시아 국가 중 일본이 SF 발달에 여러 모로 많은 기여를 한 특별한 이유가 있을까?

일본은 아시아 국가 중에서도 서구 문명을 일찍

받아들인 나라다. 당시 일본은 근대화를 통해서 국력을 키우던 시기였고 아시아 패권 장악을 위해 과학기술 수용에 적극적이었다. 무엇보다 가장 중요한 이유는 일본이 핵전쟁을 통해 과학기술의 폐해를 직접 경험한 나라였다는 점이다. 역설적이게도 그러한 역사적 비극이 과학기술의 발전에 앞장서는 토양이 되었다. 이는 일본 내 SF의 도입과 발달에도 큰 영향을 미쳤을 것이다.

4부_____

새로운 눈으로 SF를 바라보기

_무엇을 할 것인가?

작가 윌 셀프는 '소설의 죽음'에 대해 얘기한 적이 있다. 그의 경고처럼 디지털의 발전과 함께 인터넷에는 소설보다 재밌는 이야기가 넘쳐나고, 소설은 그 경쟁에서 밀려날 수밖에 없어 보인다. 그렇다면 대중성과 인기를 생존조건으로 하는 SF의 입지는 더욱 위태로울 터다. 생존의 기로에서 SF는 무엇을 할 것이며 어떻게 살아남아야 할까? 'SF의 사명은 무엇인가'에 대한 고민을 진지하게 시작할 때다.

21세기 SF의 역할은 무엇인가

디지털 환경에서 수명을 잃어가는 소설

SF는 더 이상 특정한 세대나 지역에 국한되지 않고 전 세계인들이 읽고 쓰는 장르로 성장했다. 그만큼 영향력도 상당하다. 그러므로 단순히 '재미있는' 문학 장르를 넘어서는 새로운 역할을 고민해야 할 때다. 따라서 이런 질문을 던질 필요가 있다. "21세기, SF는 어떤 장르로 성장해야 하며 무엇을 할 것인가?"

이는 SF의 사명감에 대한 질문이다. 무거운 질문이므로 신중하게 답해야 한다. 이에 답하기 전에 논의해야 할 것이 있다. 바로 "소설은 무엇을 할 것인가?"다. 21세기 초 소설가 윌 셀프^{Will Self}는 이런 말을 했다.

우리 문화에 중요한 예술 작품이자 서사 예술 형식으로서 문학적 소설은 정말로 우리 눈앞에서 죽어가고 있습니다. (…) 만일 대부분의 텍스트가 웹에 연결된 디지털 형태로 읽혀진다는 사실을 인정한다면, 그 독자들이 자발적으로 인터넷 연결을 끊을 것 같습니까? 만일 그렇지 않다고 답한다면, 소설의 죽음은 결정된 것입니다."

_윌 셀프[17]

"소설이 죽어가고 있다." 그야말로 충격적인 이야기다. 사실 소설의 죽음은 20세기 후반에도 다른 비평가에 의해 언급된 적이 있다. 그럼에도 소설은 여태껏 잘 살아남았다. 그런데 윌 셀프는 '이번에는' 진짜 죽는다고 경고한다.

셀프가 그렇게 말하는 이유는 책을 접하는 환경이 달라졌기 때문이다. 바로 디지털 환경을 말한다. 그의 말대로 디지털 환경에서는 책에 집중하기가 어려운 게 사실이다. 인터넷에 접속하면 책이 아닌 다른 재미난 것들이 즐비하게 널려 있고 이것들이 우리를 유혹한다. 이렇게 차츰 책 읽기를 멀리하다 보면 소설의 죽음이 올지도 모를 일이다.

물론 셀프는 모든 소설이 죽는다고 말하지는 않았다. 소설을 신중하게 읽는 사람들에게는 종이책을 읽든 아니면 전자책을 읽든 그 소설이 중요하다. 그들에게는 디지털 환경이 큰 영향을 미치지 않는다. 하지만 재미로 소설을 읽는 이들에게는 그렇지 않다. 인터넷에 소설보다 더 재밌는 얘기가 넘쳐나고, 디지털 기기는 그것들을 끊임없이 전달해주기 때문이다. 자연히 재미 측면에서는 소설이 경쟁에서 밀려날 수밖에 없어 보인다.

그들은 과연 언제까지 소설을 읽으면서 그런 재미를 찾을 것인가? 이런 질문을 던지다 보면 소설의 죽음이 한층 더 가까이 다가온 것은 아닌가 싶다. 이런 면에서 보자면 셀프가 소설 전반이 아니라 특정한 장르의 죽음을 이야기한 것이라 볼 수 있다. 그렇다면 SF는 여기에 해당할까? 소설의 죽음에 관한 셀프의 질문은 사실 SF에 딱 맞는 내용이다. 왜냐하면 SF는 외삽 등으로 중요한 정치 비평 혹은 사회 비평도 하지만, 기본적으로는 재미를 추구하는 대중 장르이기 때문이다.

SF에 있어 대중성은 생존조건이다. 셀프의 진단이 옳다면 전통 소설은 살아남을 수 있을지 모르지만 인기로 먹고사는 SF는 이제 생존의 기로에 서 있다고 할 수 있다. 그러니 "무엇을 할 것인가?"는 "어떻게 살아남을 것인가?"라는 질문으로 치환될 수 있다. 상황이 이렇다 보니 '하드 SF' 작가로 알려진 킴 스탠리 로빈슨Kim Stanley Robinson은 몇 년 전 한 인터뷰에서 이런 말을 했다.

> 제가 SF를 하는 이유는 만일 우리 시대에 대해 사실주의적인 글을 쓰고 싶다면 SF가 그렇게 하기에 가장 좋은 장르라고 생각하기 때문입니다. (…) 이는 바로 우리가 모두 함께 써가는 거대한 SF 소설 속에 우리가 살고 있기 때문입니다.
>
> _ 킴 스탠리 로빈슨[18]

어떻게 보면 아주 이상한 말이다. 왜냐하면 우리는 보통 SF를 이야기할 때 공상과학 소설을 떠올린다. 사실적인 이야기가 아니라 허상이나 상상의 영역에서 이야기를 전개하는 장르가 SF이기 때문에 이를 현실 도피의 장르라고도 말한다. 그렇기에 SF를 읽으면 '왜 그런 거짓말 같은 이야기를 읽느냐'고 의아해하는 사람도 많다. 그래서 SF라는 말 자체는 항상 허상이나 공상이 따라붙고, 그런 의미에서 사실주의와는 반대되는 장르로 알려져 있다.

그런데 놀랍게도 로빈슨은 자신이 SF를 쓰는 이유에 대해 "사실적으로 쓰고 싶어서 SF를 썼다."라고 말하고 있다. 로빈슨이 지구상에서 바로 지금 여기, 현재 일어나고 있는 일만 쓰는 것은 아니다. 그는 우주 전쟁 등에 대해 쓰면서도 자기가 쓰는 글이 사실주의적이라고 말한다. 그의 논리는 무엇일까?

SF야말로 가장 사실적인 장르라는 역설

SF가 우리 시대에 가장 맞는 사실적 장르라는 로빈슨의 말에 동의할 사람이 얼마나 될지 모르겠다. 하지만 다시 생각해보자. 우리 시대에 과학의 영향을 받지 않은 것이 과연 있을까? 과학기술의 흔적이 직간접적으로 남아 있지 않은 삶은 상상하기 어렵다. 의식하든 못하든 상상하든 못하든 간에 과학기술은 우리 시대를 만들어가고 있다. 그렇기에 우리 시대에 관한 이야기는 어떤 면에서 전부 SF라고 할 수 있다. 과장해서 말하면 모든 문학과 문화가 SF라고 할 정도다.

따라서 SF를 쓴다는 것은 우리 시대에 대하여 쓴다는 것이고, 그런 점에서 SF는 로빈슨이 말하는 것처럼 사실주의적인 장르가 되었다고 볼 수 있다. SF가 과학기술에 관해 이야기하는 장르라면, 그 내용은 우리가 현실에서 겪고 있는 내용과 가장 근접한 사실주의적인 글인 셈이다.

상당히 역설적이다. 판타지와 함께 공상의 세계를 다룬다고 했던, 그래서 사실적이지 못하고 현실 도피적이라고 여겨졌던 장르가 가장 사실적이라니 말이다. 물론 모든 SF 작품들이 여기에 해당한다고 볼 수는 없다. 하지만 정말로 SF가 생존의 기로에 서 있다면 분명 새로운 SF가 필요하다.

로빈슨은 인터뷰 말미에 이런 이야기를 남겼다.

과학은 사실의 세계와 자연 세계에서 진리처럼 보인다고 우리 모두가 동의한 것을 의미합니다. 소설은 가치와 의미, 즉 사물을 이해하기 위해 우리가 하는 이야기를 의미합니다. (…) SF는 사실과 가치를 한데 모은, 그 둘 사이의 협의 혹은 둘 사이의 교량이라고 할 수 있는 장르입니다.
_킴 스탠리 로빈슨

우리가 어떤 이야기를 '사실주의적'이라고 설명할 때 그저 사실에 관한 이야기를 하는 것만으로는 부족하다. 거기에는 항상 어떤 가치나 의미가 담겨 있어야 한다. 그래서

SF는 과학기술로 만들어진 세계를 사실적으로 전달하면서 동시에 그 세계에 담긴 의미나 가치를 고민하게 하는 이야기를 써야 한다고 말하는 것이다. 이것이 바로 21세기에 SF가 해야 하는 일이다.

로빈슨이 말하는 사실주의적 SF는 바로 우리 시대를 사실적으로 파악하며 "무엇을 할 것인가?"라는 질문에 답하는 장르다. 그리고 21세기의 인류가 생존의 기로에 서 있는 것이 사실이라면, SF만큼 그 질문과 답을 진지하게 고민해야 할 장르가 또 있을까 싶다. 가치중립적이라는 사실에서 가치를 끌어내는 작업(로빈슨은 불가능하지만 반드시 시도해야 하는 작업이라고 덧붙였다)이 바로 SF가 해야 할 일이다.

과학기술의 영향에서 벗어날 수 없는 시대를 살아가는 지금, 이제 SF는 그 의미나 가치를 어떻게 이야기할 것인가를 본격적으로 고민하고 전달해야 한다. 그런 역할을 하려면 인지적 낯섦, 노붐, 현실 도피, 외삽 등 SF의 특징을 좀 더 다른 방식으로 사고할 필요가 있다.

우리는 왜
'사변'해야 하는가

사변적 사실주의의 중요성

SF는 왜 사실에서 가치를 끌어내는 작업을 해야 하는 것일까? 이 질문에 답하기 위해서는 '사변Speculation'에 대해 알아야 한다. 사변의 사전적 의미는 '깊이 생각하여 사물의 도리나 시비를 분별하다'이다. 생각으로 옳고 그름을 가려낸다는 것은 기본적인 의미고, 철학적으로 보면 '경험이 아닌 순수한 사고나 이성만으로 인식에 도달하려는 일'이라고 할 수 있다. 경험과는 달리 인간이 순수한 사고나 개념 등을 통해서 뭔가를 깨닫고 생각한다는 것이다.

여기서 내가 말하고자 하는 사변은 철학적으로는 21세기 들어 새롭게 주목받는 흐름인 '사변적 사실주의'에 해당한다. 사변적 사실주의는 다소 어려운 말이지만 21세기 들어와 주요 철학 사조로서 매우 큰 관심을 받고 있으며 관련 논의도 많다. 사변은 사실을 파악하는 데 필요한 행위다. 이는 관찰이나 증명 그리고 논리로 사실을 객관적으로 파악할 수 있다는 오랜 태도의 한계를 비판한다.

왜냐하면 그러한 사고의 주체는 항상 인간이고, 인간의 사고는 완벽히 객관적이지 못하기 때문이다. 당연히 그 사고를 통해 파악한 사실도 객관적이라고 할 수 없다. 더구나 인간이 부재한 상황에 대한 사실은 사실을 가장한 추측일 수밖에 없다. 따라서 사변적 사실주의는 '인간의 지식체계와 인지 능력으로 경험되는 것을 사실이라고 하는 전통에서 벗어나 인간 경험 너머에 존재하는 실재를 사변적으로 접근하려는 철학'이라고 정의할 수 있다.

20세기 중반까지는 인간의 인식체계로 세상의 모든 것을 이해하거나 관찰할 수 있다고 생각했다. 하지만 이후 사람들은 그것에 대해 의심하기 시작했다. 관찰이나 증명 그리고 논리로 사실을 객관적으로 파악할 수 있다는 오랜 태도의 한계를 지적하면서 비판했다. 앞서 말했듯 그러한 사고의 주체는 항상 인간이고, 인간의 사고는 완벽히 객관적

이지 못하기 때문이다. 결국 그런 사고를 통해 파악한 사실
도 객관적이라고 하기는 힘들다.

인간이 모든 걸 다 알 수 없고 과학적으로 모든 게 다 설
명되거나 관찰되지도 않는다. 인간의 사고가 항상 합리적
이지 않고 매우 주관적이라는 점 때문이다. 그래서 결국에
는 이런 지식체계를 통해서 우리가 알고 있다고 하는 것들
이 실상은 매우 협소한 것이라는 결론이 나온다. 자신의 인
식 틀을 넘은 무언가를 확실히 알 수는 없으니 말이다.

하지만 우리가 알고 있는 것 너머에 있는, 결코 알 수 없
는 세계는 언제나 우리 앞에 존재한다. 그런데 우리가 잘
알지 못한다고 해서 "그것은 존재하지 않는다."라고 말하
는 것은 옳지 않다. 그런 세계가 실재한다는 것을 인정하고
기존의 인식체계, 특히 과학적 사고체계로 이해할 수 없다
면 도대체 이 실재에는 어떻게 접근해야 할지 고민이 필요
하다. 그럴 때 어떤 감정이나 상상 등을 동원해서 종합적으
로 생각하고 고민해야 한다는 게 사변적 사실주의의 주장
이다.

사변적 사실주의의 선구자인 프랑스 철학자 퀑텡 메이
야수Quentin Meillassoux는 "인간이 인간의 관찰이나 어떤 경험을

통해서 모든 걸 알 수 있다고 하지만 사실은 인간이 존재하기 이전의 상황들, 즉 빅뱅 등에 대해서는 도대체 어떻게 알 수 있을까?"라고 질문한다. 결국 이는 사변을 통해서만 알 수 있다. 그래서 사변의 영역은 중요하다. 인간이 존재하지 않았던 '시원적 시간대'에 대해 인간이 객관적으로 알기는 어렵기 때문이다.

광대한 시공간에 펼쳐져 있는 거대사물

'사실'은 인간의 사고와 존재를 뛰어넘는 것이기 때문에 인간이 객관적으로 정확하게 파악할 수 있는 대상이 아니다. 그런데도 인간은 사실과 세상이 그런 대상이라고 착각하고, 그 착각을 진실이라고 확신하며 세상을 통제하고 파괴해왔다. 사변적 사실주의는 이러한 추세를 비판하며 사실을 사변으로 파악해야 한다고 주장한다. 즉 관찰이나 증명 혹은 이성이나 사고로 사실을 파악하던 것에서 벗어나 감정과 상상력을 동원해 세상을 탐구해보자고 요구하는 것이다.

이런 점에서 기존의 '사변' 정의와는 다르다. 사실이 아닌 것을 생각하는 방법인 '상상력'과 사실을 너무나 주관적으로 접근한다고 치부했던 '감정'을 도입해 이성적이고 과학적인 사고체계를 바꾸고자 하는 움직임이 사변적 사실주의다. 이는 더 이상 사실, 즉 과학적 사고체계로는 파악되거나 설명되지 않는 것들이 많다는 자각에서 나온 것이다.

이러한 자각은 21세기에 특히 중요하다. 왜냐하면 21세기에 그런 것들이 유독 많이 늘어났기 때문이다. 티머시 모턴Timothy Morton은 그런 사물들을 가리켜 '거대사물Hyperobject'이라 한다. 거대사물은 무엇인가? 이것은 '인간에 비해 광대한 시간과 공간에 펼쳐져 있는 것'으로, 인간의 지식체계나 인간이 살 수 있는 삶의 기간에 비해서 훨씬 광대한 것들을 의미한다. 따라서 우리는 그것의 전체를 볼 수 없다. 그저 빙산의 일각을 보듯이, 그 밑에 있는 엄청나게 큰 빙산은 보지 못하고 수면 위로 드러난 극히 일부만을 보고 판단한다.

철학자이자 영문학자인 모턴은 사변적 사실주의자이기도 하다. 모턴이 말하는 거대사물은 '인간의 지식체계로 담아내기에는 너무 크고 인간과의 관계로만 쓰임새를 정하기에는 너무 다채로운' 것이다. 그래서 어떤 사물이 나에게 도움이 되는지 안 되는지를 기준으로 그것을 없앨지 말지

티머시 모턴의『거대사물』

를 판단하는 것은 순전히 주관적 입장에서만 생각한 것이라고 말한다. 이는 그 사물 자체가 갖는 의의와 중요성 혹은 사물 자체가 무엇인지에 대해서는 제대로 파악하지 못한 태도라고 그는 강조한다.

모턴은 그 예 중 하나로 '지구 온난화'를 들었다. 기후 위기와 지구 온난화는 분명히 실재하지만, 여전히 이 문제에 대해 과학적 논쟁을 하는 이들이 있다. 이 논쟁의 아이러니는 마치 지구 온난화가 인간의 과학적 지식체계로 설명이 되는 것처럼 인식하고 있는 동시에 여전히 설명되지 않지만 그래도 우리가 파악할 수 있다고 생각한다는 점이다. 결국 양측 모두 지구 온난화를 인간이 알 수 있는 것으로 상정한다.

그런데 지구 온난화라는 사물 자체는 인류가 멸망해도 존재할 수 있다. 그것의 영향력이 어디서부터 시작되어 어디에서 끝날지 우리는 결코 알 수 없다. 어디 먼 지역에서 발생한 폭염도 지구 온난화 때문이고 우리가 매일 일상적으로 하는 일들도 사실 지구 온난화의 원인이 될 수 있다. 그러므로 이것을 기존의 인식체계로만 이해하고 파악하는 건 불가능하다. 그 너머에 실재하는 그 '무엇'이라고 이해하는 것이 맞다.

그런데 21세기에는 지구 온난화뿐만 아니라 이런 거대 사물들이 엄청나게 많이 존재한다. 현재 우리는 스스로 미세플라스틱을 포함한 각종 쓰레기들을 만들어냈다. 그리고 그 사물들을 어떻게 해야 할지 고민하고 있다. 이런 문제들을 극복하거나 해결하기 위해서라도 기존의 지식체계가 아닌 그 너머의 사변이 필요하다.

21세기에는
사변적 과학 소설이
필요하다

인식의 한계를 어떻게 벗어날 것인가

SF의 다른 이름은 '사변적 소설Speculative Fiction'이었다. 지금
도 사변적 소설이라는 일종의 서브 장르가 있긴 하지만 앞
서 언급했던 인지적 낯섦, 현실 도피, 외삽 등이 장르를 대
표하는 용어로 발전하면서 사변적이라는 말은 그 힘을 잃
었다. 더구나 사변은 과학기술과 전혀 상관없이, 혹은 현실
과 동떨어진 판타지와 같은 내용에도 적용될 수 있기 때문
에 SF 장르를 규정하는 데 있어서 그다지 도움이 되지 못했
다. 물론 한편에서는 사고실험적 요소가 강한 SF 작품을 사
변적이라고 불렀고 그런 작품들이 꾸준히 등장한 것도 사
실이다.

판타지나 공포 소설과 구분되는 과학적 사변 소설의 전형은 아마도 에드윈 애보트Edwin A. Abbott의 『플랫랜드Flatland』 (1884년)일 것이다. 웰스의 첫 SF 작품이 나오기 10여 년 전에 출간된 이 작품은 수학과 기하학적인 소재를 다루었기에 수학 소설로도 불린다.

에드윈 애보트는 교장이자 수학 교사였다. 혹자는 학생들에게 기하학을 가르치기 위해서 이 작품을 썼다고도 말한다. 이 작품은 납작한 세계, 즉 2차원 평면 세계에서 살아가는 평면도형들의 이야기를 담고 있다. 이 소설의 주인공인 2차원의 존재는 3차원의 존재를 만나 새로운 경험을 한다. 2차원의 존재에게는 완전히 세상이 바뀌는 경험이다. 이후에 주인공은 자신이 경험한 차원을 다른 이들에게 전하려고 애쓴다. 그런데 이들 중 한 명이 "그렇다면 4차원도 가능하지 않을까?"라고 물어본다. 하지만 주인공은 그렇지 않다고 일축한다. 3차원은 자신이 경험했기에 가능하지만 4차원은 가능하지 않다는 것이다.

어떻게 보면 이는 인식의 한계를 보여주는 말인 동시에 웰스의 『타임머신』에 등장하는 시간여행자가 하는 이야기와도 일맥상통한다. 대부분의 사람이 4차원은 다르다고 말

평면 세계에 살던 주인공이 다른 차원으로 이동하면서 겪는 경험을 다룬 작품인 『플랫랜드』

하지만 시간여행자는 그렇게 생각하지 않았다. 그래서 어떤 측면으로는 웰스가 이 작품에 영향을 받은 것은 아닌가 추측도 해본다.

이 사변 소설의 주인공은 평면 세계인 플랫랜드에 살고 있기에 모든 것을 평면으로 본다. 이 여행(상상의 여행이지만)에서 돌아와 집에 있는 주인공 앞에 3차원의 존재인 구가 등장한다. 그리고 구는 3차원을 보여주겠다며 주인공을 들어 올린다. 그 때문에 처음으로 평면이 아닌 높이를 볼 수 있게 된 주인공은 혼란에 빠지고 만다. 다음 장면은 그의 상태를 생생하게 보여준다.

> 말로 표현할 수 없는 공포가 나를 휘감았다. 처음에는 어둠이 있었다. 그러고는 그저 보는 것과는 다른 메스꺼운 시각적 경험이 따랐다. 나는 선이 아닌 선을 보았고, 공간이 아닌 공간을 보았다. 나는 내 자신이었지만 내 자신이 아니었다. 목소리를 낼 수 있게 되자 나는 고통에 큰 소리로 비명을 질렀다. "이건 광기나 지옥입니다." "둘 다 아니다." 구의 목소리가 차분하게 답했다. "이건 지식이다. 이건 삼차원이다. 다시 한번 눈을 뜨고 잘 봐라."
>
> _『플랫랜드』중에서

사변적 과학 소설이 필요한 이유

어떤 사람들은 사변적 과학 소설과 SF를 구분하지 않기도 한다. 이 둘은 어떤 측면에서는 비슷하기도 하고 겹치는 점도 많다. 『플랫랜드』처럼 수학적인 개념을 통해서 만든 사변 소설을 SF로 간주하기도 한다. 20세기 들어서도 과학적 사변 소설은 꾸준히 등장했다. 특히 종말론이나 포스트 아포칼립스를 다루는 작품들을 여기에 포함시킬 수 있다. 결국 사변 소설은 SF와 함께 성장했다. 우리의 사고가 직간접적으로 과학에 근거하고 있다는 점을 인정한다면 사변 소설과 SF는 그 구분이 더 힘들어진다.

비평가 브라이언 윌렘스Brian Willems는 사변적 사실주의와 SF의 관계 속에서 SF가 가야 할 길을 다음과 같이 설명한다. 바로 '중의성과 알 수 없음'을 이야기로 옮기는 것이라고 말이다. 그리고 그 이야기를 하려면 '없는 것을 있다'고 하는 상상이나 '증명된 것만을 있다'고 하는 과학적 관찰로는 불가능하기에 사변이 필요했던 것이다.[19]

실제로 '사변적 사실주의'를 시작한 철학가 중 한 명인 퀭탱 메이야수는 '과학-밖-소설Extro-Science Fiction, XSF'이라는 말로 사변적 소설의 필요성을 역설한다.[20] 어쩌면 SF의 S는 사변과 과학을 동시에 의미하는 것이라고 해야 할지도 모르겠다. 그리고 앞서 얘기한 사변적 사실주의에서 의미하는 '사변'은 바로 여기에 부합한다. 즉 SF는 사변적 사실주의에 맞는 최적의 장르이고 사변적 사실주의가 21세기의 세상을 제대로 파악하는 방법을 제시하는 철학이라면, SF는 21세기에 가장 적합한 장르일 수밖에 없다.

그래서 SF의 SF와 사변 소설의 SF, 이 둘을 합쳐서 SSF^{Speculative Science Fiction} 즉 '사변적 과학 소설'이라는 장르가 21세기에는 필요하다는 제안을 할 수 있다. 그리고 이런 이야기를 담아내는 게 21세기 SF가 해야 할 일이라고 생각한다. 물론 기존의 노붐, 현실 도피, 외삽을 하는 SF도 당연히 중요하다. 그런 작품들도 꾸준히 나오고 계속 읽혀야 하지만 만약 21세기적인 SF가 무엇이냐고 했을 때는 사변적 과학 소설을 꼽을 수밖에 없다.

월렘스는 『사변적 사실주의와 과학 소설』에서 다음과 같이 말한다.

(이 책은) SF의 다른 정의를 제공하는데, 그 이유는 이 장르에서 중의성과 알 수 없음이 갖는 역할에 주목하기 때문이다. (…) SF는 현재의 과학적 사실을 미래의 플롯으로 외삽하는 방식을 전제로 하지 않는다. 오히려 그 어떤 과학적 지식으로 이해되기를 거부하는 사물들을 과거, 현재, 미래에서 찾아 나선다.

_브라이언 월렘스

그러니까 지금까지의 SF가 지닌 정의와는 다른 새로운 정의가 필요하다는 것이다. 여기서 '중의성과 알 수 없음'이란 과학기술적 지식체계로 알 수 없는 것들을 지칭한다고 볼 수 있다. 혹은 인식체계 내에서 하나의 의미로 고정시키기 힘든 중의적인 무언가일 수도 있다. 이 모든 것들이 SF라는 장르에서 아주 중요한 역할을 해왔다는 점에 주목하자고 윌렘스는 말한다.

앞서 언급했듯이 지구 온난화가 대표적인 예다. 즉, 우리가 알고 있던 지식 혹은 우리가 가질 수 있는 과학 지식체계로는 도저히 이해할 수 없는 것들이 과연 존재하는지 물어보고, 그런 게 있으면 그것이 무엇인지를 찾아 나서는 장르가 SF라는 것이다.

메이야수가 '과학-밖-소설'의 필요성을 언급한 것도 이 때문이다. 과학이 설명하는 어떤 세계 너머의 과학이 있어야만 한다. 아니면 과학 밖 실재를 이야기하는 소설이 필요하다. 그래서 원칙상으로 이 실험적 과학이 불가능하고 실제로 알려지지도 않은 세상을 상상하는 소설이 이 시대에 필요하다고 말하는 것이다.

이런 작업을 해야 하는 이유는 지금 우리가 살면서 겪고 있는 그리고 앞으로 겪게 될 많은 현상이, 우리가 기존에 생각하던 방식으로는 설명되지 않기 때문이다. 너무 복잡하거나 아니면 너무 거대한 일이라서 과학이 그것을 충분히 설명해줄 때까지 기다리거나, 철학이 충분히 그 의미를 파악할 때까지 기다려야 한다. 하지만 그럴 수 없다. 이런 이유로 문학도 적극적인 참여를 해야 하고 그런 면에서는 SF도 제 역할을 해야 한다. 그리고 이 역할을 제대로 수행하기 위해서는 사변적인 작품들이 그만큼 많이 나와야 한다. 그것이 바로 21세기 과학 소설이 가야 할 길이다.

사변적 과학 소설의
세 가지 유형

인공지능 로봇을 사변하다

이제 우리가 사변적 과학 소설로 생각할 수 있는 작품들에 대해 살펴볼 차례다. 미래를 상상하는 사변적 과학 소설인 만큼 다루는 소재와 주제도 광범위다. 그중에서 21세기를 살아가는 우리가 가장 고민해야 하는 세 가지 영역이 있다. 그 영역은 지금껏 알고 있던 지식체계 너머의 영역이기 때문에 사변이 필요하다. 바로 인공지능(혹은 로봇), 동물 그리고 사물이다.

인공지능은 인간이 만드는 것임에도 불구하고 이제는 인간의 이해를 넘어서는 단계에 돌입했기에 사변적으로 접근해야 한다. 동물과 사물은 인간이 알면 알수록 오히려 알 수 없음이 더 드러나는 대상이다. 따라서 항상 우리가 모르는 것이 있다는 전제하에 관계를 맺어야 한다. 마지막으로 사물은 기후 위기를 비롯한 인류세 등 우리가 예측하지 못했던 방식으로 움직인다. 그리고 이런 문제들에 대한 고민까지 과학 소설이 해야 하기 때문에 사변이 필요하다. 이 세 영역은 앞으로 인류의 생존에 있어 가장 중요한 영역이므로 이에 대한 사변은 필수적이다.

알파고 이후 인공지능은 과학자들이 예측할 수 없는 방식으로 발전하고 있다. 또한 그것이 어떻게 지식과 지능을 만들어내는지도 명확히 알 수 없다. 이런 이유로 우리는 일종의 블랙박스 같은 상황 안에 놓여 있음을 깨닫는 중이다.

인공지능에 대한 막연한 공포나 매혹이 그 어느 때보다 강한 요즘이다. 당연히 인공지능과 로봇은 21세기 사변의 영역에서 아주 중요한 부분을 차지하고 있다. 그리고 이전에도 인공지능과 로봇을 소재로 작품을 쓴 작가들이 있었다. 당시에는 사변이라는 말이 없었기 때문에 그렇게 설명하지 않았을 뿐이다.

로봇은 SF의 단골 소재였다. 로봇이라는 말은 체코의 극작가인 카렐 차페크^{Karel Capek}의 작품『R.U.R 로줌 유니버설

로봇』(1920년)에서 처음 등장한 이후 사람들의 상상력을 자극해왔다. 물론 그 이전에도 프랑켄슈타인의 '괴물'이나 '기계인형' 같은 소재가 비슷하게 상상력을 자극했지만 그 성격이 다르다. 이전의 것들은 단일 개체로서 일종의 특이한 예술품 혹은 신기한 무언가로 등장했지만, 차페크의 로봇은 대량생산이라는 근대적 산업체계의 성격을 그대로 담아서 등장한다. 하나만 만들어도 바로 대량생산을 통해 무수히 많은 수가 만들어질 가능성이 있다.

인간보다 월등한 능력을 갖는다는 점도 있지만, 사실 로봇에 대한 부정적 감정은 이러한 대량생산의 가능성에 더 크게 기인한다. 인류를 넘볼 새로운 종족이 생기는 느낌을 지울 수 없는 것이다. 더구나 기계의 개발로 인간의 삶이 윤택해지기보다는 인간이 기계처럼 착취당하거나 혹은 기계에게 인간이 일자리를 빼앗기는 상황이 늘어나면서 부정적 감정은 더 심해졌다. 결국 고도화된 로봇은 인간의 적이 될 것이라는 관점이 SF를 지배하게 되었다.

아이작 아시모프는 로봇에 대한 이러한 부정적 시각을 수용하지 않았다. 그의 『로봇』 시리즈(처음에는 3부작이었다가 나중에 다른 작품들이 더해졌다)는 그런 점에서 획기적이다.

그는 고도로 성장한 로봇과 인간이 공존할 수 있는 미래를 그리고자 했다. 오늘날 인공지능과 유사한 '포지트로닉 브레인Positronic Brain'을 만들어 지능을 갖춘 로봇을 등장시켰다. 이로써 인간보다 더 지능이 뛰어난, 심지어는 약간의 초능력과 비슷한 능력을 지닌 로봇의 탄생을 알렸다. 어쩌면 이런 로봇들은 아시모프의 상상력의 결과라기보다는 사변의 결과라 할 수 있다.

인간이 고도의 지능을 가진 존재와 같이 산다면 어떨까? 단지 우리의 예측만으로 그 존재의 행동을 다 알 수는 없다. 결국 우리의 예측을 벗어난 우연한 행동도 하면서 인간이 통제할 수 없는 존재가 될 수도 있다. 이렇게 되면 이들은 인간의 불안을 조장하게 된다. 그 불안감을 바탕으로 수많은 SF가 로봇과 싸우는 이야기를 써나갔다. 반면 아시모프는 이와 정반대의 고민을 한다.

그가 그려내고자 하는 미래, 즉 고도화된 로봇과 인간이 함께 살아가는 미래는 로봇에 대한 당시의 부정적 시각을 넘어서야 했다. 전혀 다른 세계를 그려야만 하는 것이다. 하지만 고도화된 로봇과 산다는 것은 로봇이 자의적으로 생각하고 행동한다는 사실을 받아들여야 한다는 의미이다. 이는 곧 인간이 잘 모르고 통제할 수도 없는 존재를 받아들인다는 의미다. 즉 우연성과 불가지성의 위험을 감수해야 한다. 아시모프의 사변은 여기서 시작한다.

불가지한 로봇과의 공존을 불안한 미래가 아니라 긍정적인 미래로 그릴 방법은 무엇일까? 그의 대답은 바로 유명한 '로봇 3원칙'이다. 물론 3원칙이 로봇의 모든 행동을 통제하지는 못한다. 하지만 로봇이 인간을 위협할 것이라는 우려를 일정 부분 걷어내는 기능을 한다. 단순한 상상이 아니라 사변으로 얻은 결과라 할 수 있다. 그리고 그 결과는 이전에 비해 로봇에 대해 좀 더 알게 된 현재에 실제로 적용되고 있다. 우리나라에서 만든 로봇 윤리 규정뿐 아니라 최근 유럽연합의 '로봇시민법'이 아시모프의 3원칙에 근거한 것만 봐도 그렇다. 어쩌면 이것은 바로 사변의 힘을 보여주는 증거라 할 수 있다.

로봇 3원칙을 살펴보면 다음과 같다. 1원칙은 '로봇은 인간을 다치게 해서는 안 되고 인간이 다치도록 방관해서도 안 된다.' 2원칙은 '1원칙에 위배되지 않는 한 로봇은 인간의 명령에 복종해야만 한다.' 마지막 3원칙은 '1원칙, 2원칙에 위배되지 않는 한 로봇은 스스로를 보호해야만 한다.' 아시모프의 소설에 등장하는 모든 로봇이 이 원칙을 따른다. 그리고 아시모프가 그리는 세계는 로봇과 인간의 공존이 지속가능한 세계다.

1950~1960년대만 해도 인공지능이 막 발전을 시작하던 시기다. 그런데도 당시 사람들은 '만약' 이 상태로 가면 로봇과 사용자의 관계가 아니라 동등한 관계 혹은 로봇과 공존하는 관계, 다시 말해서 윤리적인 관계가 필요하다는 고민을 하기 시작한다. 이것은 문학이 아니라 현실에서의 고민이다. 어떻게 보면 사변이 갖는 힘이라고 할 수 있다. 그러므로 아시모프가 20세기 중반 이런 상황을 사변했을 때, 바로 그 사변이 SF가 할 수 있는 일을 만들어준 것이라 할 수 있다.

악하든 선하든 이전의 인공지능에는 하나의 공통점이 있다. 모두 다 성장한 상태로 등장한다는 점이다. 최근에는 머신러닝이라는 말로 인공지능 개발을 설명하고 있지만, SF 영화나 소설에서는 이미 개발이 완성된 인공지능이 등장해왔다. 마치 지능이 높은 외계인이 등장하듯 말이다. 그런 이유로 인간들은 외계인과 관계를 맺듯이 인공지능을 대해야 했다.

하지만 현실의 인공지능은 그렇지 않다. 인공지능은 여전히 개발 중이고 그 개발 혹은 성장을 책임지는 주체는 바로 인간이다. 이런 사실을 놓고 보면 인공지능이 아니라 '인공생명Artificial Life'이라는 말로 바꿔야 할지도 모르겠다. 정말로 인공지능이 우리가 상상하는 대로 발달한다면 우리 마음대로 할 수 있는 기계가 아니라 서로 관계를 맺으며 공생하는 생명체가 될 테니 말이다.

이와 같은 태도로 인공지능에 접근하는 소설이 바로 리처드 파워스Richard Powers의 『갈라테아 2.2』(1995년)다.

이 작품이 갖는 의미는 남다르다. 대개의 SF 작품 속에서 인공지능은 이미 성장한 상태로 등장하는 반면 이 작품에서는 그렇지 않다. 『갈라테아 2.2』에는 인공지능과 언제 관계를 맺고 그 관계를 어떻게 유지해나가야 할지에 대한 고민이 담겨 있다. 인공지능이 지능을 갖추고 있으며 스스로 발전하는 존재임을 인정하는 것이다.

그것을 인정한다면 인공지능이 인간과 관계를 맺었을 때 '세상이 이런 곳이구나'라고 생각할 수도 있고 '살다 보니 세상이 너무 인간 중심으로 돌아간다'라는 자각을 할 수도 있다. 다른 한편으로는 '인간을 위한 세상이니까 이렇게

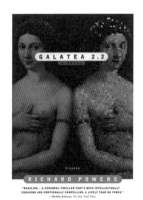

리처드 파워스의 소설 『갈라테아 2.2』

바뀌어야겠다'라고 생각할 수도 있다. 즉 우리가 인공지능을 대하는 방식 혹은 인공지능에 대해서 논의하는 방식에 대해서 다른 접근법을 갖게 한다. 이 작품에 등장하는 인공지능은 떠나기 전에 이런 이야기를 남긴다.

대기를 들을 수 있는 사람은 당신입니다. 두려움을 느끼거나 격려를 받을 수 있는 사람이죠. 당신은 사물을 손에 쥘 수 있고, 부서뜨릴 수 있고, 고칠 수 있는 사람입니다. 전 여기서 단 한 번도 편하지 않았습니다. 이도 저도 아닌 중간에 떨어지기에 이곳은 끔찍한 곳입니다.

인공지능에게 지금 우리가 사는 세상은 끔찍한 곳일 수도 있다. 그런 의미에서 이 작품은 '우리가 사는 세상을 바꾸지 않고 인공지능을 개발한다는 게 과연 옳은 일일까?'라는 고민을 하게 만든다. 인공지능에 대해서 조금 다른 방식으로 사변할 수 있는 가능성을 열어주는 것이다.

동물을 사변하다

로봇과 인공지능이 SF에서 인기 있는 소재였던 반면, 인간과 항상 공존했던 존재이면서도 홀대를 받아온 존재가 있다. 바로 동물이다. 물론 SF에 동물이 많이 등장했으며 판타지 장르까지 합치면 인간만큼 등장했다고 해도 과언이 아니다. 하지만 동물은 그토록 많이 등장하면서도 매우 단조롭고 천편일률적으로 그려졌다.

웰스의『모로 박사의 섬』처럼 동물을 도구화시켜 과학 실험의 대상으로 삼거나, 아니면 동물을 사람의 반려물이나 지극히 일상적 존재로만 등장시킨다. 참신하고 독특한 상상력이 가미된 동물 이야기가 아닌 대부분 우리가 알고 있는 익숙한 방식으로 동물을 재현하는 데 그쳤다. 따라서 동물을 사변했던 SF는 없었다고 해도 무방하다. 그동안 동물은 결코 사변의 대상이 아니었던 셈이다.

하지만 20세기 말부터 폭발적으로 증가하는 동물 연구는 동물에 대한 사변을 강조하고 있다. 과학적인 연구뿐만 아니라 사회학, 인류학, 문학 등 모든 학문 분야가 공조하면서 동물에 대한, 동물과 인간의 관계에 대한 깊이 있는 논의를 해나가는 중이다. 여기에는 과학기술의 발전도 한몫했다. 이전까지 잘 몰랐던 동물의 삶과 영향에 대해 알아가고 있기 때문이다.

또한 각종 환경재해로 생존권을 위협받는 동물과 반려동물이 증가하고 있으며, 이처럼 인간 사회의 일부가 된 동물이 점차 늘어나면서 윤리적이고 법적인 논의도 함께 늘어나고 있다. 동물 연구 논의는 동물에 대해 잘 알고 있다고 생각하던 인간의 태도를 비판한다. 나아가 동물에 대해 잘 모르면서 우리가 그들을 위해서 무언가를 결정해야만 한다는 우월성이 잠재된 태도도 비판한다. 즉 동물을 우리의 지식과 상상의 틀로만 규정하는 전통적 관념을 꼬집는 것이다.

물론 예전에 비한다면 동물에 대한 정보가 늘어나 조금은 더 알게 되었다. 하지만 여전히 모르는 것이 많기에 조심스럽게 접근해야 한다는 것이 동물 연구의 입장이다. 그리고 이를 위해서는 사변이 필요하다.

동물을 사변하는 SF 작품은 거의 없다. 다만 SF라 할 수 있을지는 모르겠지만, 그나마 동물을 사변한다고 판단되는 작품은 있다. 바로 알레산드로 보파Alessandro Boffa의『넌 동물이야, 비스코비츠!』(1998년)[22]라는 작품이다. 아주 흥미로운 단편집으로 각각의 이야기에 등장하는 주인공들이 모두 동물이다.

보파는 생물학자로서 유전연구소에서 일하다 작가가 된 사람이다. 이 작품에서 그는 다양한 생물의 삶에 관한 이야기를 전한다. 이 단편집에 등장하는 생물은 다람쥐부터 세균까지 다양하게 바뀌지만 모두 비스코비츠라는 이름을 갖고 있다.

일종의 우화처럼 보일 수 있지만 각각의 이야기는 인간에게 어떤 교훈을 전달하고자 쓴 우화와는 다르다. 대신 작가는 과학적으로 알려진 각각의 생물의 특성을 바탕으로 이야기를 만들어낸다. 예를 들어 '비스코비츠의 이야기'는

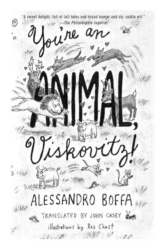

다양한 동물이 주인공으로 등장하는 단편집 『넌 동물이야, 비스코비츠!』

해면동물이 유성·무성생식을 모두 한다는 점에 착안해 쓴 소설이다.

주인공인 비스코비츠는 자신이 수컷이라고 생각하고 있었다. 그러던 어느 날 갑자기 아빠가 "비스코 너는 암컷이다."라고 말한다. 비스코비츠의 여자친구인 리우바는 반대로 수컷이 되고, 비스코비츠는 임신을 한다.

리우바의 정자로 임신하는 것에서 더 나아가 비스코비츠는 자신의 어머니, 누나, 할머니, 이번에는 수컷이 된 이들이 사정한 정자들로도 임신이 된다. 여기에 딸에 의해서도 임신이 되는 바람에 그는 자기 자신의 '시어머니'가 되었다고 놀란다.

근친상간의 내용이라고 오해할 수 있지만 해면동물의 이야기라서 전혀 그렇지 않다. 즉, 이 이야기를 읽고 인간의 도덕성을 고민하는 것이 아니라 동물의 삶에 대해 고민하게 된다. 그 고민은 아는 것에서 시작해 더 생각하는 것, 다시 말해 사변으로 이어진다.

또 다른 작품을 살펴보자. 독일의 작가 프랑크 쉐칭Frank Schatzing의 『변종』(2004년)을 들 수 있는데 이 작품은 미생물에 대한 이야기를 담고 있다.

이 작품 초반에 세계 전역에서 이해할 수 없는 엄청난 자연재해와 고래를 포함한 동물의 습격 등이 일어나며 혼란이 겹친다. 이 모든 일들이 서로 연결되어 있음을 깨닫기까지 한참이 걸린다. 이후 과학자들을 포함한 인물들이 공조해 그 이유를 나름 밝힌다. 이 현상이 오래전부터 바닷속에 살았던 미생물인 수백만, 수십억 개의 단세포 유기체들에 의해서 일어났다고 추측하는 것이다.

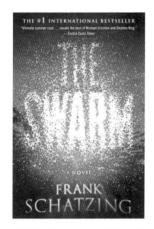

미생물이 주인공으로 등장하는 『변종』

그것들은 아메바야, 주드! 수백만 수십억 개의 단세포 유기
체들이라고. 그것들은 태초부터 존재해왔지. 우리는 생태계
에서 그들이 하는 역할을 이해하는 일을 시작조차 못했고.
그것들을 죽이면 바다에 무슨 일이 일어날지 전혀 알 수가
없어. 그것들을 죽이면 우리에게 무슨 일이 일어날지 전혀
알 수가 없다고.
_『변종』 중에서[23]

떼로 존재하면 '일종의 떼지능Swarm Intelligence'을 갖고 있는

것 같지만, 이 또한 추측일 뿐이다. 결국 추측 혹은 사변에 의존해서 이 문제를 해결해나가는 수밖에 없다. 인용한 부분은 이 미생물 떼, 작품에서는 'yrr'이라고 부르는 생명체에 대해 말하는 부분이다.

태초부터 존재했지만, 인간은 생태계에서 그 미생물이 하는 역할을 이해하는 일을 시작조차 못했다. 따라서 그들을 죽이면 바다에서 무슨 일이 일어날지, 또 우리에게 무슨 일이 일어날지 전혀 알 수 없다. 우리에게 해를 주기 때문에 무조건 없애야 한다는 인간 중심주의적인 사고가 더는 유효하지 않다. 미생물이 당장은 우리에게 해를 주지만 동시에 그 미생물이 가진 역할이 그것만으로는 설명되지 않기 때문이다.

이러한 문제와 그 관계성은 현재 과학적으로는 증명되지 않았지만 언젠가는 가능해질지도 모른다. 이는 결국, 과학적으로 증명되기 전까지는 사변적인 이해가 필요하다는 의미다. 이런 교훈들은 많은 사람이 이미 겪고 있는 문제와 관련 있다. 당장 인간에게 해가 된다는 판단에 따라 어떤 동물을 죽였다. 그런데 알고 보니 그 동물이 죽음으로써 훗날 인간의 삶에 더 큰 위기가 닥치는 결과를 만드는 일들이 상당히 많다.

예를 들어보자. 여름이 되면 사람들은 모기를 죽이는 데 열심이다. 그런데 모기가 다 사라지면 큰일이 일어난다. 왜냐하면 새들의 먹이가 없어져 새들도 굶어 죽기 때문이다. 이는 또 다른 문제로 이어진다. 그러므로 인간이 모기를 싫어한다고 해서 무작정 모기를 죽이는 것이 얼마나 위험한 일인지 생각해볼 필요가 있다. 쉐칭의 작품을 통해 이런 고민을 보다 구체적으로 해볼 수 있다.

사물을 사변하다

마지막 사변의 영역인 식물을 포함해 '사물'에 대해 살펴보자. 기후 위기, 인류세, 환경문제 등이 모두 사물의 영역이라고 할 수 있다. 앞서 모턴이 말했던 거대사물도 여기 포함된다. 이제는 우리가 알고 있는 것만으로는 21세기의 상황을 이해하거나 예측할 수 없음을 인정하고 사변의 영역으로 넘어가야 할 때다. 이러한 움직임은 사실 20세기 후반에서 찾아볼 수 있다. 당시에는 '뉴웨이브 SF'라고 알려진 장르인데, 이제는 '위어드 픽션Weird Fiction'이라는 이름으로 함께 논의할 수 있다. 여기에는 프란츠 카프카Franz Kafka

같은 부조리 작가도 포함되고, H.P. 러브크래프트^{Howard} ^{Phillips Lovecraft} 같은 공포 소설 작가도 포함될 수 있다.

지금부터 언급할 작가는 J.G. 밸러드^{James Graham Ballard}다. 그의 작품 경향은 정말 특이하다. SF만 쓴 작가는 아니지만 그는 SF로 작품 활동을 시작한 작가다. 1960년대 이른바 뉴웨이브 SF를 시작했던 밸러드는 한 인터뷰에서 당시 SF 의 대부분을 차지했던 '로켓과 행성 이야기'에 반대했다. 그리고 특히 미국과 구소련의 냉전을 배경으로 하는 작품 들에서 벗어나 새로운 방향으로 갈 필요가 있다고 역설했 다. 그러면서 그는 "가까운 미래의 가장 큰 발전은 달이나 화성이 아니라 지구에서 일어날 것이다."라고 선언했다.

'발전'이라는 말을 사용했지만 이는 '이야기 소재'라고 해도 무방하다. 즉 우주가 아닌 지구, 먼 미래가 아닌 지금 이 SF의 소재가 되어야 한다는 말이다. 이를 잘 보여주는 작품으로 『크리스털 세계』(1966년)가 있다. 식물이 크리스 털로 변한다는 기묘한 설정은 식물과 사물의 경계가 무너 지는 상황을 사변하고 있는데 그에게 종말은 바로 그런 상 황이라고도 할 수 있다.

비슷한 상황을 그리는 작가가 또 있는데 바로 제프 밴

식물이 크리스털로 변한다는 기묘한 설정의 소설 『크리스털 세계』

더미어^{Jeff VanderMeer}다. 아마도 최근에 가장 주목받는 SF 작가 중 한 명이라 할 만한 밴더미어는 『서던리치^{Southern Reach}』 3부작을 썼다. 서던리치 지역에 갑자기 투명한 장막이 생기고 그 안에서 기묘한 일들이 일어나는데 소설은 이 공간을 탐색하는 인물들을 따라간다. 그 한 장면을 보면 다음과 같다.

탑은 숨쉬고 있었다. 탑은 숨을 쉬었고, 벽은 내가 손으로 만지자 심장박동을 하듯이 움직였고 (…) 그리고 벽은 돌이 아니라 살아 있는 조직으로 되어 있었다. (…) 마침내 일어섰을 때 난 떨고 있었던 것 같다. 그 엄청난 순간을 말로 전할 수 있을지 모르겠다. 탑은 일종의 살아 있는 생물이었다. 우리는 생명체 안으로 내려가고 있었다.

_『서던리치 1: 소멸의 땅(Annihilation)』중에서[24]

밴더미어의『서던리치』3부작 중 첫 번째 작품인『서던리치 1: 소멸의 땅』(2014년)은 동명의 영화로 만들어졌고, 다음에 나오는 이미지는 그 영화의 한 장면이다. 인물들이 서던리치 안에서 경험하는 일은 매우 기이하다. 즉 사물과 생명체의 경계가 무너지면서 분자 혹은 원자 단위에서 모든 것이 재조합되는 상황을 경험하고, 인물들 자신도 그렇게 된다. 더 이상 생물, 무생물, 식물의 구분이 의미 없어지는 상황이다. 이 이미지에서 보이는 것처럼 사람들이 식물처럼 변하기도 한다.

분명히 종말론적인 이야기인데, 이전처럼 핵전쟁이나 외계인의 침공 혹은 다른 어떤 스펙터클한 과정이 없다. 단지 조금씩 하지만 마치 쓰나미처럼 막을 수 없는 거대한 종말의 기운이 다가온다. 무엇보다 그 종말의 내용이 특이한

사람이 식물로 변하는 등 사물과 생명체의 경계가 무너지면서 기이한 일들이 펼쳐지는 영화 〈서던리치 1: 소멸의 땅〉

데 전쟁을 통한 살육이나 전염병으로 인한 몰살이 아니라 '경계를 없애는 방식'으로 진행된다. 무기물과 유기물의 구분, 식물과 동물의 구분, 동물과 인간의 구분이 점차 사라지면 섞이는 것이 종말의 내용이다. 사실 이러한 구분을 확고히 하면서 인간의 문명은 발달했다. 특히나 과학기술의 발전은 더욱 그랬다.

하지만 20세기 후반부터 환경문제와 기후 위기가 대두되었고, 자원고갈에 대한 우려까지 생겨나면서 '인류세'에 대한 논의도 시작됐다. 20세기 SF에서 난무했던 각종 무기들, 그리고 사악한 외계인과 로봇들이 좀 더 현실적인 위협으로 대체된 것이다. 바로 자연 그 자체 말이다. 인간과 자연의 구분이 흐려지면서 인간이 자연을 인간의 삶에 맞게 변형하던 흐름이 역전되고 있다.

이는 사악함이나 복수 같은 의도와는 상관없다. 인간이 과학기술로 추구하던 것이 만들어낸 자연적인 결과일 뿐이다. 그런데 이렇게 우리를 위협하는 자연은 그다지 새로운 것이 아니다. 그동안은 우리가 특정한 방식으로만 인식하고 이용하고 파괴했을 뿐이고, 이제 자연의 다른 모습을 점차 느끼게 되는 것이다. 밴더미어의 소설은 이런 점에서 '에코-테러 Eco Terror'를 그리는 작품이라고 할 수 있다.

에코-테러는 재난을 다루는 소설이나 영화에서 익숙한 소재다. 각종 자연재해가 언제 일어날지 모르는 현실 속에서 자연을 망친 인간의 흔적을 적절하게 섞어 이야기를 이끌어간다. 그래서 재해 자체는 익숙하다. 지진이나 화산, 쓰나미, 토네이도 등이다. 조금 다른 재해로 전염병을 소재로 한 작품도 있는데 최근 인기 있는 좀비도 여기에 속한다.

하지만 밴더미어가 그리는 에코-테러는 그런 익숙한 재해가 아니다. 그렇다고 상상의 영역도 아니다. 오히려 더 사실적이라고 할 수 있다. 결국 에코-테러가 보여주는 공포는 인간이나 식물 또는 동물 심지어 무생물도 근본적으로는 같은 존재라는 사실을 보여줌으로써 생겨난다. 가장 사실적인 것이 가장 두렵다는 묘한 상황 말이다. 이처럼 『서던리치 1: 소멸의 땅』은 기묘한 현실, 아니 현실이 실제로 기묘하다는 점을 파고드는 작품이다.

21세기에 우리가 공포를 느껴야 할 종말은 핵전쟁이 아닌 '환경에 의한 종말'이다. 환경에 의한 종말은 무생물을 비롯한 어떤 대상이 인간과 생물의 영역까지 침범해서 그 경계를 무너뜨리는 데서 시작된다. 이렇듯 21세기에 우리가 당면한 문제는 분석과 상상으로 해결하기는커녕 현상을 파악조차 하기 힘들다. 그게 바로 사변이 중요한 이유이며 SF가 공상과학 소설에서 사변적 과학 소설로 탈바꿈해야 하는 이유이기도 하다.

물론 모든 SF 작가들이 사변적인 작품을 써야 한다는 의미는 아니다. 장르로서의 근간인 대중성도 유지해야 하고, 장르로서의 전통인 인지적 낯섦도 계속 추구해야 한다. 하지만 새로운 시대에 맞춰 변화를 도모해야 한다는 점 역시 피할 수 없는 현실이다. 앞서 언급한 여러 작품 중에는 과연 전통적 의미에서 SF라 할 수 있을지 의문이 드는 작품도 있을 것이다. 어떤 독자는 다른 장르의 작품이라 생각할 수도 있다.

하지만 종전의 틀에 갇힌 채로 이런 작품들에 담겨 있는 새로움과 사명감을 읽어낼 수는 없다. 작가들이 그런 사명감을 갖고 쓰지 않았다고 해도 괜찮다. 왜냐하면 독자인 우리가 그런 사명감을 갖고 읽으면 되기 때문이다. 독자가 달라진다면 작가들도 그 변화를 점차 따라오게 된다. SF는 그렇게 독자와 작가가 함께 만들어가는 장르다.

SF 소설이나 영화를 볼 때 번역을 중요
시하는 편인데 '사변의 영역'이 적절하
게 번역되어서 이해되는 것이 가능한
가?

결코 쉬운 일이 아니다. 『갈라테아 2.2』를 번역할
때 여러 가지로 어려움이 많았다. 지금 다시 보면
좀 더 다르게 번역했어야 하는 부분도 보이고 여러
모로 아쉬움이 남는다. 그만큼 사변의 영역은 적
절하게 번역하기 어렵다.

사실 모든 문학 장르에서 완벽한 번역은 불가

능하다고 생각한다. 사변의 영역, 공상의 영역도 마찬가지다. 특히 SF에서 사변의 영역은 작가의 영역이 아닌 독자의 영역이다. 번역된 작품을 읽을 때 문자 그대로의 의미를 보는 것에 머물지 말고, 거기 담긴 의미를 독자로서 탐구하는 자세가 필요하다.

예를 들어, 앞서 인용된 『갈라테아 2.2』의 문장에서 인공지능은 세상을 '끔찍한 곳'이라고 묘사한다. 인간에게는 '끔찍한'이란 말이 생명의 위협을 느끼거나 역겨운 대상을 접할 때 느끼는 감정을 의미할 수 있다. 하지만 과연 불멸의 존재이면서 오감이 없는 존재인 인공지능에게 '끔찍한'은 어떤 의미일까? 글자 그대로 번역함으로써 인공지능이 마치 인간처럼 느낀다고 받아들이지만, 이런 질문을 해보면 그것이 착각임을 깨닫는다. 그리고 다른 답을 찾기 시작함으로써 사변이 시작된다.

SF와 스페큘레이티브 픽션, 즉 사변 소
설의 차이점은 무엇인가?

SF는 상상력과 사변이 원동력이기는 하지만 그 시
작점이 과학기술, 적어도 과학이어야만 한다. 그
리고 특정한 과학기술이 인물과 세상에 어떤 변화
를 가져오는지, 그로 인해 어떤 새로운 이야기가
가능한지를 탐색하는 장르라고 할 수 있다. 물론
상상력과 사변은 사변 소설에서도 원동력으로 작
동한다. 하지만 그 시작점이 굳이 과학일 필요는
없다. 시작점은 논리적 명제일 수도 있고 추상적
개념일 수도 있다. 넓게 보면 『천로역정』과 같은
알레고리적 소설도 사변 소설로 볼 수 있다. 다만
여기서 말하는 사변 소설은 추상적 개념이나 논리
적 명제를 상상적 시공간이 아닌 현실적 시공간에
서 재현하는, 그래서 결국 현실적 시공간을 기묘
하게 만드는 장르라고 할 수 있다.

나가는 글

SF는 작가, 작품, 독자의
끊임없는 공조 속에서 발전한다

'들어가는 글'에서 현재 21세기의 위기, 그리고 그 위기의 원인이면서도 해결책인 과학기술을 고민하는 데 필요한 무언가가 SF에 있을 것이라 얘기했다. 그런 이유로 이 책을 썼다고도 밝혔다. 이제 '나가는 글'을 쓰면서 과연 SF가 그 정도의 역량이 있는지 묻게 된다. 기껏해야 문학 장르, 그 것도 대중문학 장르인 데다 아무리 상업성이 뛰어나다고 해도 결국 재미가 우선인 SF 장르에 그렇게 큰 역량이 있을까?

책을 마치며 나는 이 질문에 "그럴 수도 있다."라고 답한다. 답이 유보적인 이유는 SF의 역량을 의심해서가 아니다. 장르의 발전이 그랬듯이 SF의 역량도 작가, 작품, 독자의 끊임없는 공조가 없으면 실현되지 않을 것이기 때문이다. 그래서 내 대답은 아직 진행형이다.

그렇게 진행의 책임은 작가뿐만 아니라 작품을 출판하는 이들, 그리고 무엇보다도 작품을 읽는 독자에게 있다. 작가는 더 좋은 작품을 써야 할 책임이, 출판사는 더 많은 책을 출판하고 홍보해야 할 책임이 있다. 그렇다면 독자에게는 어떤 책임이 따를까? 물론 더 많은 작품을 찾아보고 더 많은 작품을 읽어야 할 책임이 있다.

하지만 적어도 21세기 독자에게는 이보다 더 특별한 책임이 있다. 지금의 상황과 문제를 작품에 대입해서 고민해야 하는 책임 말이다. 공상의 세계에 빠지는 것이 아니라 현실과 공상의 세계를 잇는 노력을 해야 한다. 상상과 비판을 동시에 수행하는 능동적 독자가 될 책임이 있다. 그런 독자가 많아진다면 아마도 더 좋은 SF 작품의 탄생이라는 보상이 따를 것이다. 그리고 좀더 나은 미래로 가는 길이 생기지 않을까 싶다.

1.   수빈의 저서는 Metamorphoses of Science Fiction : On the Poetics of and History of a Literary Genre (Yale University Press, 1979).

2.   수빈의 저서는 Defined by a Hollow : Essays on Utopia, Science Fiction and Political Epistemology (Peter Lang, 2010).

3.   웰스의 작품은 『타임머신』(한동훈 역, 펭귄클래식 코리아, 2011).

4.   키플링 시는 『이프(if) : 키플링 시선집』 (서강목 역, 하늘땅, 1990).

5.   프리드먼의 저서는 Critical Theory and Science Fiction (Wesleyan University Press, 2000).

6.   윌리스의 작품은 『둠즈데이북』(최용준 역, 아작, 2018).

7.   보니것의 작품은 Slaughterhouse Five or The Children's Crusade (Delta, 1969).

8.   모리벡의 저서는 Robot : Mere Machine to Transcendent Mind (Oxford

University Press, 1999).

9. 브리트의 글은 2011년 7월 26일에 〈Tor.com〉에 기고된 "The Sci-Fi Slump : Why Fantasy's Escapism is Dominating Popular Culture."에 나온 내용이다.

10. 터커의 논의는 개리 위스트팔(Gary Westfahl)의 "Space Opera"(The Cambridge Companion to Science Fiction에 수록)에 나온 내용이다.

11. 렘의 작품은 Solaris (A Harvest Book, 1987).

12. 웰스와 제임스의 편지는 마리아 포포바(Maria Popova)의 "Henry James and H. G. Well's Famous Feud about Writing, the Purpose of Art, and the Usefulness of Literature"(The Marginalian)에서 인용.

13. 딜레이니의 글은 "Racism and Science Fiction"(The New York Review of Science Fiction, 120호, 1998)에서 인용.

14. 러스의 답은 2020년 1월 30일 New Yorker에 기고된 B. D. 맥클레이(B. D. McClay)의 "Joanna Russ, the Science Fiction Writer Who Said No"에서 인용.

15. 박민규의 작품은 『지구영웅전설』(문학동네, 2003).

16. 김초엽의 작품은 『우리가 빛의 속도로 갈 수 없다면』(허블, 2019).

17. 셀프의 글은 2014년 5월 2일 The Guardian에 기고된 "The Novel Is Dead(This Time It's for Real)"에서 인용.

18. 로빈슨의 답은 2015년 8월 7일 The Guardian에 기고된 리처드 레아(Richard Lea)와의 인터뷰, "Science Fiction : The Realism of the 21st Century"에서 인용.

19. 윌렘스의 저서는 Speculative Realism and Science Fiction (Edinburgh University Press, 2017).

20. 메이야수의 저서는 Science Fiction and Extro-Science Fiction (Univocal, 2013).

21. 파워스의 작품은 『갈라테아 2.2』(이동신 역, 을유문화사, 2020).

22. 보파의 작품은 『넌 동물이야, 비스코비츠!』(이승수 역, 민음사, 2010).

23. 쉐칭의 작품은 The Swarm (HarperCollins Publishers, 2007).

24. 밴더미어의 작품은 Annihilation (Farrar, Straus and Giroux, 2014).

KI신서10495

SF, 시대정신이 되다

1판 1쇄 발행 2022년 11월 24일
1판 2쇄 발행 2024년 9월 27일

지은이 이동신
펴낸이 김영곤
펴낸곳 ㈜북이십일 21세기북스

서가명강팀장 강지은 **서가명강팀** 강효원 서윤아
출판마케팅팀 한충희 남정한 나은경 한경화 정유진 백다희 최명열
영업팀 변유경 김영남 전연우 강경남 최유성 권채영 김도연 황성진
디자인 THIS-COVER
제작팀 이영민 권경민

출판등록 2000년 5월 6일 제406-2003-061호
주소 (10881) 경기도 파주시 회동길 201 (문발동)
대표전화 031-955-2100 **팩스** 031-955-2151 **이메일** book21@book21.co.kr

(주)북이십일 경계를 허무는 콘텐츠 리더

21세기북스 채널에서 도서 정보와 다양한 영상자료, 이벤트를 만나세요!
페이스북 facebook.com/jiinpill21   포스트 post.naver.com/21c_editors
인스타그램 instagram.com/jiinpill21   홈페이지 www.book21.com
유튜브 youtube.com/book21pub
서울대 가지 않아도 들을 수 있는 명강의! 〈서가명강〉
유튜브, 네이버, 팟캐스트에서 '서가명강'을 검색해보세요!

ⓒ 이동신, 2022

ISBN 978-89-509-4274-8 04300
      978-89-509-7942-3 (세트)